改訂版

相続・事業承継
ビジネスに
携わる方のための
営業100+αトーク集

バンカーズ・ビジネス・ソリューションズ株式会社　代表取締役
大場　昌晴［著］

株式会社きんざい

はじめに

　税制改正により平成27年1月から相続税の基礎控除の縮小や最高税率の引上げなど、相続税を取り巻く環境は大きく変わりました。これにより、課税対象者は改正前の全国平均4.2％から平成28年分は約8.1％程度になっています。なかでも都市部の課税対象者は東京国税局12.8％、名古屋国税局11.0％、大阪国税局8.4％と増えており、都市部を中心に相続への関心が高まっています。（東京国税局「平成28年分の相続税の申告状況について」より）

　相続関連のセミナーには、連日多くの富裕層（資産家）の方が出席され、講師の話を食い入るように真剣に聞き、質問時間にはさまざまな質問が飛び交うなど熱気を帯びたものとなっています。これほど「相続」に対する関心が高いのだと感じたのと同時に、ここに金融機関の莫大なビジネスチャンスが存在するのだと確信しました。

　そこで、金融機関に勤務する皆さんが「相続」や「事業承継」において、お客さまの抱えている問題点や改善点等を把握し、的確なアドバイスを行うことで、ビジネスの拡大につなげられるようにとの思いを込めて本書を執筆しました。

　本書は、「相続編50」と「事業承継編50」を合わせた100テーマを取り上げ、1つのテーマについて、左ページには4コマの「トーク例」、右ページには「トーク例に必要な税務関連知識の解説」という見開きページの構成で学べるようになっています。また、執筆にあたってはビジネスの初心者の方にも理解しやすいよう、わかりやすい解説を心がけました。

　本書は金融機関に勤務している方、税理士、コンサルティング会社に勤務している方など相続・事業承継関連の業務に従事している方、あるいは、地権者や企業オーナーを担当している方、これから担当する方を対象にしています。多くの着眼点を習得することで、普段の会話からビジネスチャンスをつかむことができます。担当者の方はその着眼点の習得に、管理職の方は部下指導のために、それぞれ本書をご活用いただけるものと思います。

　「相続・事業承継ビジネス」を推進する上で、金融機関のビジネスに直結する提案もあれば、まったく直結しない（間接的にはビジネスになる）ものも多数あります。

　金融機関の担当者のなかには、「自分自身の目標達成のための提案」、あるいは「銀行の利益になる提案」しかしない人を見かけることがあります。しかし、それではお客さまの信頼を勝ち得ることはできず、最終的にはその金融機関からお客さまが離れていくことにつながります。「相続・事業承継ビジネス」で大切なことは、お客さまの抱えている問題点を把握し、お客さまのためになる提案や情報提供をしていくことだと思います。その行為に感謝されるからこそ、お客さまから信頼されビジネスへと発展していくのだと確信しています。

　ここで、実際にあった話を3つほどご紹介します。

　1つ目は、ある金融機関の担当者が、自分自身の利益にならない相続対策について情報提供をしたところ、その情報に感謝してくれたお客さまが大手金融機関

から30億円の預金を移してくれたという話があります。この担当者は初めて情報提供の大切さを実感したそうです。

　2つ目は、ある企業の役員の方の話です。「最近の銀行はお金を借りてください」としか言ってこない、「近ごろの担当者のレベルは落ちたものだ」と言っていました。「借りてくれ！」という前に、「わが社のことをどれだけ理解しているのか」とお怒りでした。

　3つ目は、大手銀行がメインバンクである非上場会社の話です。メイン銀行の担当者はいつも貸金や運用の話ばかりで、それ以外の提案や情報提供をまったく行っていませんでした。あるとき、その会社にとって有益となる税制改正が国税庁の通達により即日施行となりました。その情報をキャッチした準メイン銀行の担当者がいち早く社長に情報提供を行ったことで、メインバンクが入れ替わってしまったという話です。のちに社長がこう述べています。メイン銀行の担当者に税制改正の件を確認したところ、「それ本当ですか？　私は何も聞いていません！」とまったくたよりにならなかったそうです。「自分の目標のことしか考えない銀行とは付き合いたくない」とのことでした。

いかがですか。「自分の目標達成のため」、「銀行の利益のため」だけを考えて行動していたのでは道は開けないのです。第一に考えるべきことは「お客さまのことを知り理解する」、そして「お客さまのために行動する」ことなのです。

　相続や事業承継の問題を抱え、悩んでいるお客さまはたくさんいらっしゃいます。お客さまの財産内容や相続人の状況によって悩みはさまざまで、その解決方法も多種多様に及びます。

　本書では、さまざまなケースを想定した解決方法を、トーク例を通じてわかりやすく解説していますので、実際の営業活動で活用していただければ筆者としてうれしく思います。

　そして、本書を通じて、数多くの着眼点を身につけることで、お客さまの情報や会話を通じて問題点等を発見できるようになり、その解決策として「お客さまのための提案」や「情報提供」を継続的に行うことで、お客さまから信頼され、喜ばれ、結果としてビジネスへと発展させることができるのです。一人でも多くの方に実践していただき、トップセールスマンの仲間入りを果してくれることを願っています。

改訂版刊行にあたって

　今回の改訂では2018年度税制改正を盛り込んだ内容で改訂しました。毎年12月に税制改正大綱が発表されますが、内容を理解（詳細は除く）し、いち早くお客さまに情報提供されることをお勧めします。富裕層の多くは情報提供に感謝される方が多いため、他の金融機関よりも早く情報をお届けすることに意味があるのです。また、最近では信託を活用したスキーム等が注目されるようになってきましたが、常に最新の情報の収集に努め、どのような話法（雑談）でお客さまの関心を引くかを考え、お客さまの抱えている悩みを解消できるコンサルタントを目指していただければ幸いです。

2018年12月　大場　昌晴

＜本書をお読みいただくうえでの留意事項＞

①本書のトーク例では、筆者独自の言い回しを示しておりますが、実際にお客さまと会話する場合には、自分自身の言い方に置き換えて会話をするようにしてください。
②金融機関にお勤めの方は、税務相談とならないように注意してください。
③お客さまとの会話では、断定的な発言とならないように注意してください。
④各種対策には、経済的合理性に基づいた事由が必要になります。合理的な理由がなく、節税目的のみで行う対策は、のちに税務当局より否認される場合がありますのでご注意ください。
⑤個別具体的な法令・税制等の適用、および各種対策スキームの検討・実行にあたっては、弁護士、税理士等の専門家にご相談・ご確認ください。
⑥本書に掲載されている情報や内容を利用することで生じたいかなる損害および問題についても、著者・外部校閲者および株式会社きんざいは一切の責任を負いません。

＜本書の記載について＞

◇本書は、原則として、平成30年4月1日時点の法令等に基づいて記載されており、法令等は変更になる可能性があります。
◇所得税の税額計算・税率の表記については、復興特別所得税を反映せずに記載しています。また、所得税の最高税率は55％（住民税10％を含む）と表記し、小数点以下切捨てとしています。

本書の使い方

1 対策

相続、事業承継における問題を解決するための対策を、「相続編50＋3」「事業承継編50＋2」の全100＋5事例で紹介しています。トーク例と解説編で構成しており、反復して読むことでお客さまとの会話からニーズを探ることができるようになります。

不動産の活用

相続編 10 　古くなった自宅を賃貸併用住宅に建て替える

1
今年の正月にはご長男は来られるのですか？ お孫さんにも会いたいですよね。

こんな古い家には来ないよ。古すぎて孫が怖がるんだよ。2年前に来た時に、大きなクモが出て大騒ぎになったんだ。それ以来よりつかなくなってね。一人暮らしだから賑やかなほうがよいのだけど。今年も寂しい正月になりそうだよ。

2
それは寂しいですね。ところで、ご自宅の修繕などけっこう出費があるのではないですか？

そうなんだ。雨漏りが激しくなってきたんだ。北側の部屋の雨漏りを直したと思ったら、今度は台所が雨漏りで困っているんだよ。最近は豪雨が多いから雨漏りも半端じゃないね。

3
賃貸マンション併用住宅に建替えを検討しませんか？ここから7階建てまで建てられますので、最上階を自宅にして、その他は賃貸にして家賃収入を得るのはいかがでしょうか？ 新築ならお孫さんも来てくれると思いますし、相続対策として有効な対策になるのです。

建替えか。台風が来ると、屋根が飛ばされないかいつも心配なんだよね。この辺で決断する必要があるのかなぁ。相続税も心配だしな。

4
はい。
ご長男はご自宅を所有されていますから、小規模宅地等の特例を使うことができません。賃貸物件ですと200㎡まで50％減額することができます。また建物を建築すると相続財産の圧縮効果も期待できるんです。

そのような効果があるんだね。建替えを考えてみるか。長男が私の財産を相続することになるだろうから、長男の意見も聞いてみるよ。

着眼点 小規模宅地等の特例の特定居住用宅地等の適用要件を満たさない場合、賃貸併用住宅に建て替えることで貸付用の小規模宅地等の特例を活用することができるようになります。また、建物を取得すると相続財産の圧縮効果がありますので相続対策として有効です。

---

2 トーク例

対策についてビジネスにつなげるために、どのように会話をするのか4コマのトーク例で紹介しています。
トーク例からは
①どのような着眼点で会話をしているのか
②どのように会話を展開しているのか
③どのようにビジネスにつなげているのか
④どのような情報を把握していないといけないのか
など、問題を解決するための手法や着眼点を習得することができます。
お客さまとの実際の会話では、自分自身の言い回しで会話ができるように繰り返し練習するようにしてください。

3 着眼点

会話の展開の仕方やビジネスにつなげるためのポイントを要約しています。

ビジネス　　　　　　融

自宅の敷地が広く、賃貸物件でも入居者が見込める立地であれば、自宅の建替えのタイミングで賃貸併用住宅の建築により、相続財産の圧縮効果が期待できます。また、家賃収入という安定収入を確保することができます。

小規模宅地等の特例の特定居住用宅地等を活用できない時には、賃貸併用住宅にすることで、賃貸部分について貸付用の小規模宅地等の特例を活用することができます。

相続財産の圧縮効果では、建物を取得することでメリットを享受することができます。建物は固定資産税評価額で評価しますが、その評価額は建築費の50〜70%ぐらいであり、建築費（時価）との乖離が大きいほどその効果は大きくなります。

■ 賃貸併用住宅を建築した場合の効果

このように、賃貸併用住宅を建築することで相続財産を大幅に圧縮することができますが、一番重要な点は、賃貸事業に無理がないかチェックすることです。賃貸事業に無理が生じれば資産を売却せざるを得ない事態になる可能性もありますから、慎重に判断する必要があります。

関連ページ　　27

4 ビジネス

本ページの対策を行うことで、どのようなビジネスにつながるのかを表示しています。
ビジネスの表示がない対策もお客さまにとっては重要な対策であるケースがありますので、お客さまにニーズがある場合は提案するように心掛けてください。
①「融」：融資
②「預」：預金、リスク性商品
③「生」：生命保険
④「事業保険」：事業保険
⑤「手数料」：手数料

5 解　説

トーク例におけるポイントを詳しく解説しています。
①トーク例のポイント
②対策に関連する税務
③対策における効果検証
④対策における留意点
などを見やすいスキーム図などを多用し、理解しやすいように工夫しています。

6 関連ページ

本ページの対策や着眼点において関連しているページを表示しています。
さらに理解を深めるために関連ページも合わせてご覧ください。

目次 CONTENTS

相続編

ビジネス表記
融資⇒融　預かり資産増加⇒預　生命保険⇒生　遺言⇒遺
事業保険⇒事業保険　手数料⇒手数料

Ⅰ　ニーズの把握
1　業歴から所有不動産の築年数を把握 ・・・・・・・・・ 2
2　路線価の改定から潜在ニーズを探る ・・・・・・・・・ 4

Ⅱ　資産管理
3　資産管理会社の設立 ・・・・・・・・・・・・・・・・ 6
4　資産管理会社の形態 ・・・・・・・・・・・・・・・・ 8　融預生

Ⅲ　不動産の活用
5　賃貸物件建築による相続財産の圧縮 ・・・・・・・・・ 10　融
6　市場調査を活用した更地の有効活用 ・・・・・・・・・ 12　融
7　賃貸物件を建築する場合の名義（相続編） ・・・・・・ 14　融
8　賃貸物件を建築する場合の名義（所得編） ・・・・・・ 16　融
9　老朽化した賃貸物件 ・・・・・・・・・・・・・・・・ 18　融
10　古くなった自宅を賃貸併用住宅に建て替える ・・・・・ 20　融
11　自宅用地の未活用の土地に賃貸物件を建築する ・・・・ 22　融
12　二世帯住宅による小規模宅地等の特例の活用 ・・・・・ 24　融
13　事業用資産の買換え ・・・・・・・・・・・・・・・・ 26　融生
14　収益物件の1棟買い ・・・・・・・・・・・・・・・・ 28　融
15　容積率からのアプローチ ・・・・・・・・・・・・・・ 30　融
16　賃貸物件の建物のみを贈与する ・・・・・・・・・・・ 32　生
17　二方路線の土地に自宅と賃貸物件を建築する ・・・・・ 34　融
18　等価交換方式の活用 ・・・・・・・・・・・・・・・・ 36
19　建設協力金の活用 ・・・・・・・・・・・・・・・・・ 38

Ⅳ　所得対策

20	所得税が高いオーナー地権者 ・・・・・・・・・・・・・・・ 40	融 預 生
21	所得税に焦点をあてた借換え提案 ・・・・・・・・・・・・ 42	融
22	高齢者の「法人と個人間」の売買による所得対策 ・・・ 44	融 預 生
23	海外不動産投資を活用した所得対策 ・・・・・・・・・・・ 46	

Ⅴ　納税資金対策

24	物納の要件整備 ・・・・・・・・・・・・・・・・・・・・・・・・ 48	遺
25	取得費加算の特例（納税資金の確保） ・・・・・・・・・ 50	融 預
26	更地が物納予定地だった場合のアプローチ ・・・・・ 52	融 預 生
27	定期借地権の活用 ・・・・・・・・・・・・・・・・・・・・・・ 54	預 生

Ⅵ　権利関係の見直し

28	土地・建物の名義が違う（使用貸借） ・・・・・・・・ 56	融
29	共有名義の解消 ・・・・・・・・・・・・・・・・・・・・・・・ 58	遺 融 預
30	自宅が共有名義 ・・・・・・・・・・・・・・・・・・・・・・・ 60	融 預
31	貸宅地の整理 ・・・・・・・・・・・・・・・・・・・・・・・・ 62	融 預

Ⅶ　生前贈与

32	暦年贈与による生命保険の活用 ・・・・・・・・・・・・ 64	生
33	タワーマンション贈与を活用した収入付け ・・・・・ 66	
34	贈与税の配偶者控除の活用 ・・・・・・・・・・・・・・・・ 68	
35	相続時精算課税制度の活用 ・・・・・・・・・・・・・・・・ 70	
36	教育資金の一括贈与に係る贈与税の非課税措置の活用 ・・・・・・・ 72	
37	名義預金の整理（特定贈与信託の活用） ・・・・・・・ 74	

Ⅷ 遺産分割

38　二次相続対策を踏まえた遺産分割 ・・・・・・・・・・・・・ 76　融 預 生
39　別居親族に対する財産分与 ・・・・・・・・・・・・・・・・ 78　遺 生
40　遺言代用信託（受益者連続型信託）の活用 ・・・・・・・・・ 80
41　子どものいない夫婦 ・・・・・・・・・・・・・・・・・・・ 82　遺 生
42　相続人が配偶者と兄弟姉妹のみ ・・・・・・・・・・・・・・ 84　遺
43　養子縁組（世代飛ばし）・・・・・・・・・・・・・・・・・・ 86

Ⅸ その他

44　相続税の延納先 ・・・・・・・・・・・・・・・・・・・・・ 88　融
45　返還保証金は大丈夫？ ・・・・・・・・・・・・・・・・・・ 90　融 預
46　相続税評価額が時価より高い ・・・・・・・・・・・・・・・ 92
47　名義預金の整理（生命保険の活用）・・・・・・・・・・・・・ 94　生
48　生命保険金の非課税枠の活用 ・・・・・・・・・・・・・・・ 96　生
49　税理士にも専門分野がある ・・・・・・・・・・・・・・・・ 98
50　相続税の申告が終わった地権者 ・・・・・・・・・・・・・ 100

Ⅹ 贈与の活用

プラスα1　不動産小口化商品による相続財産の圧縮 ・・・・・・・・・ 102　預

Ⅺ 居住権の活用

プラスα2　配偶者の居住権と老後の資金確保 ・・・・・・・・・・・・ 104　融

Ⅻ 信託の活用

プラスα3　家族信託で子が相続対策を行う ・・・・・・・・・・・・・ 106　融

事業承継編

ビジネス表記
融資⇒融　預かり資産増加⇒預　生命保険⇒生　遺言⇒遺
事業保険⇒事業保険　手数料⇒手数料

Ⅰ　後継者
1. 後継者（親族）の有無を把握する　　110
2. 後継者（親族）がいない場合（M&A）　　112　融 預
3. MBO（マネジメント・バイ・アウト）　　114　融 預
4. 株式公開（IPO）　　116　預
5. 会社分割による長男・二男への事業承継　　118

Ⅱ　株式の移転
6. 後継者への自社株の移転方法　　120
7. 後継者出資の持株会社に譲渡　　122　融 預 生
8. 相続時精算課税制度の活用　　124

Ⅲ　株主
9. 会長（創業者）の保有株式　　126　遺 融 預
10. 分散株式の集約　　128　融 預
11. 名義株主の整理　　130

Ⅳ　株価対策
12. 株価（自社株式）算定の必要性　　132
13. 持株会社の活用（上昇抑制）　　134
14. 役員退職金の活用（利益）　　136　融 預 生
15. 後継者出資の資産管理会社へ収益物件を譲渡（利益）　　138　融
16. 含み損のある不動産の売却（利益）　　140　融
17. 高収益部門の分社化（利益）　　142
18. 高収益部門の事業譲渡（利益）　　144　融

19	親会社の仕入を子会社に変更（利益）	146	
20	レバレッジドリースの活用（利益）	148	手数料
21	債務超過の会社と合併（利益）	150	
22	メディカルサービス法人（MS法人）の活用（利益）	152	融
23	収益物件の1棟買い（純資産）	154	融
24	収益物件の建築（純資産）	156	融
25	本社ビルの建替え（純資産）	158	融
26	株式保有特定会社の対策（純資産）	160	融
27	合併による自社株評価の引下げ①（会社規模）	162	
28	合併による自社株評価の引下げ②（会社規模）	164	
29	配当金の引下げ	166	
30	赤字だから株価が高くない？（2比準要素ゼロ）	168	

V 種類株式の活用

31	経営権を維持したまま後継者へ株式を移転する	170	融 預 生
32	無議決権株式を活用した経営権の確保	172	
33	取得条項付株式による株式の集約	174	
34	拒否権付株式（黄金株）の活用	176	融 預 生

VI 各種制度の活用

35	従業員持株会の活用	178	
36	中小企業投資育成株式会社の活用	180	
37	事業承継税制：納税猶予制度の活用	182	

Ⅶ 相続対策

38	貸付金（貸借清算）	184	融 預 生
39	返済見込みのない貸付金を資本に振り替える	186	
40	取得費加算の特例（金庫株）	188	融
41	遺言の活用（事業用資産の財産分与）	190	遺
42	遺言の活用（遺言執行者の指定）	192	遺
43	本社ビルの移転を相続対策に活用する	194	融
44	本社ビルを社長個人が所有している場合	196	融 預 生
45	種類株式を活用した財産分与	198	融 預 生
46	財団を活用した社会貢献と相続対策	200	
47	事業保険を活用した納税資金準備	202	事業保険
48	自社株式の物納	204	
49	医療法人の出資持分の放棄	206	融

Ⅷ その他

50	グループ法人税制の活用	208	融

Ⅸ 信託の活用

プラスα1	信託を活用した後継者への自社株式の贈与	210	

Ⅹ 納税贈与の活用

プラスα2	事業承継税制活用のための要件整備（納税猶予）	212	

〈巻末〉

　　項目一覧　　214

お客さまのための情報提供！
抱えている問題を解決するための提案！
「利益は後からついてくる」
がんばるぞ！

目指せ! No.1

まずはお客さまを知ることから始めよう！
そのために情報を集めなくっちゃ！
よ〜し、行動あるのみ！

相 続 編

ニーズの把握

相続編 1 — 業歴から所有不動産の築年数を把握

1

ご主人さま、今の不動産賃貸業は、いつごろから始められたのですか？

かれこれ43年くらいになるかなあ。

2

すごいですね。43年前といえば、1975年ですか。その年は、沖縄国際海洋博覧会が行われた年ですね。
沖縄が米国から返還されて3年後でしたよね。

よく知ってるね。
日本経済の高度成長が落ち着いたころだから、インパクトがあったよね。沖縄の日本返還は歴史的にもすごい出来事だから鮮明に覚えているよ。

3

沖縄の返還も、歴史の勉強で知った情報なんです。私も、その歴史的瞬間に立ち会いたかったです。
1979年には、第二次オイルショックもあったのですよね。物価の上昇とかたいへんだったのではないですか？

オイルショックの時は、物価が3倍以上に跳ね上がったんだよ。買占めとかあって混乱した年だった。
家賃を3倍には上げられなかったけどね（笑）。

4

そういう時代に、今の事業を始められたのですね。ということは築40年ぐらいの賃貸物件を所有しているということでしょうか？

そうなんだよ。老朽化が進んでいて修繕費もかかるし、空室の割合も多くなってきていてね。何か対策を考えないといけないんだけど…。

最近は地震も多いですし、耐震化や建替えなども検討しないといけないのではないですか？　ぜひ、当方にご支援させていただけませんか？

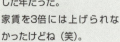

地権者の年齢や、事業を始められた年などを把握して、当時の日本経済の出来事などの話題から、スムーズにビジネスにつなげています。過去の出来事などはインターネットで事前に把握しておくことが必要です。

> ビジネス

　このトーク例では、日本の歴史を例にしながら話を展開していますが、それ以外に、地権者が住んでいる町の歴史について話をするのも効果的です。

1 町の発展の歴史や地名の由来を調べる

① 区役所（市役所）
② 郷土資料館
③ 歴史館
④ インターネット
⑤ 書籍
⑥ 地元の高齢者の方から直接聞く

　地権者の多くは、その地域で昔から生活を営んでおり、町の発展する姿を見ながら現在に至っています。町が発展する過程において、再開発に賛成する者、反対する者との争いを経験したり、ショッピングセンターの進出により人口が増加したことで、賃貸事業を始めたという方もいらっしゃるでしょう。

　また、市街化調整区域の土地が、市街化区域に変更されたことで、固定資産税が増え、その対策として賃貸事業を始めた方もいるでしょう。

　インターネットや郷土資料館等で、昔の町の風景を写真で見ることができます。昔の風景を見るだけでも会話が弾むと思いませんか？　地権者と信頼関係を築くには、まずはビジネスを忘れて、昔話をするほうが地権者との距離は近くなります。そのうえで、地権者の悩みを聞くようにするとビジネスにつながる可能性が高まります。

2 地権者の抱えている悩み

① 相続税の納税資金不足
② 所得税や固定資産税の負担が重い
③ 空室や家賃の下落
④ 修繕費がかかりすぎる
⑤ 老朽化と耐震化
⑥ 資産承継（分割）　など

> 関連ページ　19

ニーズの把握

相続編 2 　路線価の改定から潜在ニーズを探る

1

7月に路線価が発表されましたね。2018年の上昇率トップは東京の銀座でした。1㎡当たり4,432万円ですよ。昨年は4,032万円ですから400万円も上昇したことになります。上昇率はなんと9.9%でした。この近隣の路線価はご存じですか？

銀座はずいぶんと値上がりしたもんだね。これじゃ税金はたいへんだろうね。この辺の路線価は少し上昇したとは聞いているのだけど詳しく知らないんだよ。
君は知っているのかい？

2

昨年の路線価は1㎡当たり68万円だったのが、今年は70万円と2.9%ほど上昇しています。相続税の基礎控除額も縮小になって、さらに土地の評価も上がりましたから、相続税の負担が大きくなりますね。

やはり今年も上がったのか。相続税の基礎控除額が縮小された影響もあるが、土地の評価額が上昇したら、もっと影響が大きいよ。本当に大増税時代の到来だね。これからどうしたらいいんだね。

3

税制改正や路線価の上昇は防ぎようがありませんから、それらの影響から、財産を守るための対策を一緒に検討していきませんか？
きっと有効的な対策が見つかると思いますよ。

そうだよね。税制改正や路線価のせいにしていても仕方ないことだよね。
一緒に考えてくれるのかい。それは助かるよ。

4

それでは、現状把握から始めてみましょう。まずは相続税がいくらかかるのか把握することから始めましょう。不動産の明細やそれ以外の財産、相続人についてお聞かせいただいてもよろしいですか？
そのうえで、税理士を交えて相続税や対策について相談しましょう。

ああ、いいよ。
資料があるものは用意するよ。効果的な対策が見つかればいいんだが。よろしく頼むよ。

着眼点　毎年7月1日に路線価が改定されますが、この時期が相続ニーズを探る絶好の機会になります。路線価が上昇（下落）したことによるお客さまの反応で「相続」に関心があるのか把握することができます。

> ビジネス

　路線価は、毎年7月1日に改定され、土地の相続税評価額を算出するうえで基準となる重要な価格です。地権者は、どれだけ路線価が上昇したのか、下落したのかに強い関心を示します。自分が担当しているお客さまの地域の路線価を昨年対比何パーセント上昇（下落）したのか把握し、訪問するお客さまには必ず路線価の話題を出し、関心度合いを探ることで「相続ビジネス」に発展させることができるのです。

1 路線価を把握する

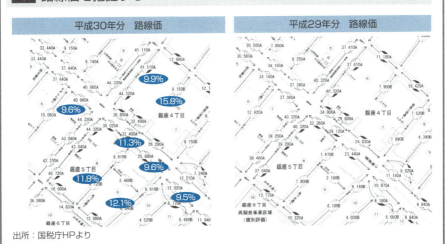

出所：国税庁HPより

　平成30年と平成29年の路線価を比較し、上昇率を表示しました。このように自分の担当地域の路線価の変動を把握しておけば、お客さまにも話しやすくなります。範囲が広い場合は、主要な交差点等の路線価を把握するだけでもよいでしょう。

2 お客さまの反応から潜在ニーズを探る

　お客さまの反応：「えっ、路線価そんなに上昇したの？」
⇒表情がこわばる：相続税が心配になっており「相続ビジネス」に発展
⇒表情が明るい　：売却を考えている可能性があり「預金・運用ビジネス」に発展
⇒無表情　　　　：ビジネスにはならない可能性がある
　このように、お客さまの反応で潜在ニーズを探ることができます。
　路線価の上昇率（下落率）も重要な情報です。こうした情報提供の積み重ねがお客さまから信頼されるきっかけになり、ビジネスに発展していくのです。

資産管理

相続編 3　資産管理会社の設立

1
先日のお話では、賃貸物件を5棟所有されているということでしたが、所得税の負担はたいへんではありませんか？
資産管理会社の設立を検討されたことはないのでしょうか？

とにかく税金を払うためにマンション経営をしているようなものだよ。所得税の税率も高くなったから、また税金が増えそうだし…。
ところで、資産管理会社を設立すると、何かメリットがあるのかい？

2
はい。個人の所得税より法人税の税率のほうが低いため、一族全体で考えた場合、税負担の軽減が期待できます。所得金額がどれくらいかによって違いますが、資産管理会社が賃貸物件の管理業務を行うことで、収益の一部を法人に付け替え、管理業務を行う家族に給料という形で所得分散が可能となるのです。

たしかに、法人税のほうが税率は低いよね。賃貸物件を管理することで家族に分散させるわけか。

3
そのとおりです。管理を行っていないご家族に給料の支払をすると否認されるおそれがありますので注意してください。実際に管理業務を行うということが大切になります。

なるほど、わかった。しかし、資産管理会社を設立する効果はどれくらいあるのかね。それを見てみないと判断のしようがないよね。

4
おっしゃるとおりです。資産管理会社を活用した分散メリットをシミュレーションする必要がありますね。顧問税理士の先生には頼めますか？

顧問税理士は申告だけお願いしている税理士だからむずかしいと思うよ。それより、この分野に詳しい税理士がいたら紹介してほしいのだが。

着眼点　所得金額を把握することが重要になりますが、「所得はいくらですか？」と聞いても教えてくれません。そこで「所得税の負担は重くないですか？」または「所得税率は最高税率ではないですか？」など柔らかい聞き方にすると、お客さまは答えやすくなります。

ビジネス

　不動産の所得金額が1,800万円を超える高額所得者の場合、所得税率（住民税を含む。以下同）は50％（4,000万円超は55％）に対して、法人税の実効税率は29.74％であり、所得税と法人税の税率格差により税負担の軽減が期待できます。

1 資産管理会社に管理を委託した場合の管理料

　保有している賃貸物件の管理を資産管理会社に委託することで、管理料を法人の収入とすることができます。

　管理料は一般的に4～8％くらいといわれていますが、管理業務の内容等により変動しますので、必ず専門の税理士と相談のうえ、決定するようにしてください。

2 資産管理会社設立のメリット

① 本人への役員報酬や将来の退職金が必要経費となる。
② 給与や退職金を親族に支給することで、さらに税負担の軽減を図ることができる。
③ 必要経費として認められるものが増える。
　例として、携帯電話代、役員の生命保険、法人名義の車両維持費など。

3 資産管理会社設立のデメリット

① 法人設立の費用（数十万円）がかかる。
② 法人税の申告が必要になり、顧問税理士の報酬等の費用が増える。
③ 法人としての事務負担が生じる。

4 留意点

① 親族に給与として所得分散する場合、実際に管理業務を行っていることが大切です。管理を行っていない親族に給与を支給した場合などは、当局より否認される場合があります。
② ほかに収入のある親族に所得分散をする場合、合算して所得税率を把握することが大切です。
③ 資産管理会社の設立を検討される場合、専門の税理士等と相談し、事前にシミュレーションにより効果検証をすることが大切です。

関連ページ　9

資産管理

相続編 4　資産管理会社の形態

1

こんにちは！
最近、この近辺で賃貸マンションの建築が多くなりましたね。賃料や入居率などに影響はございませんか？

本当だね。まだうちのマンションには影響は出ていないから問題はないよ。でも、築年数が古くなる数年後はわからないけどね。

2

そうですね。
ところで資産管理会社を保有されていますが、資産管理会社はどのように活用されているのでしょうか？

資産管理会社は管理だけをしているよ。少しでも所得税が安くなればと思ってね。

3

資産管理会社は所得の分散効果が期待できますからね。管理だけを委託されているということは、管理料は4％くらいかと思うのですが、十分な所得分散が図れていないのではないですか？

うちは管理料を5％に設定しているのだけど、税理士に管理料を上げたいと相談したところ、5％が限度でそれ以上になると否認されるかもしれないと言われたよ。

4

税理士の先生がおっしゃることには逆らえませんね。そうでしたら管理会社の契約形態を管理料徴収方式から、サブリース方式か所有方式に変更することは検討できませんか？　そのほうが分散効果は高まりますよ。

所得税が高いから、なんとかしたいと思っていたところなんだよ。さっそく税理士と相談してみるよ。

着眼点　資産管理会社を保有している場合、所得税率が高いことが想定されます。所得税の軽減のため資産管理会社による所得分散を図っている可能性が高いのです。所得分散により期待どおりの効果が上がっているのか、ヒアリングすることがポイントです。

資産管理会社を所有している地権者には、資産管理会社を設立した理由をお伺いし、設立理由が「所得分散のための設立」であれば、資産管理会社の契約形態を把握するように努めてください。

　資産管理会社には、主に次の3つの形態があります。形態の違いにより所得分散効果が異なりますので、より効果の高い契約形態を提案することでビジネスにつながります。

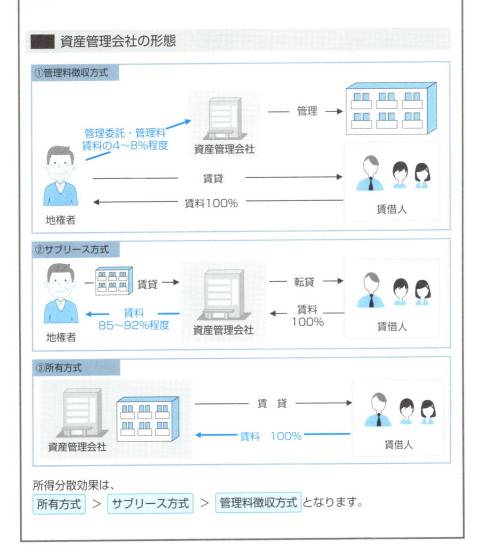

不動産の活用

相続編 5 — 賃貸物件建築による相続財産の圧縮

1

相続の申告が終わられたのですね。
ところで賃貸経営はいかがですか？

アパート経営はけっこうたいへんだね。相続税の申告手続で忙しかったから、賃貸経営を勉強するのはこれからだよ。ところで、アパートを建てると土地の評価が下がると聞いたのだが、具体的にどういうことかわかるかね？

2

はい。賃貸物件を建築すると、土地の評価は貸家建付地評価となり、借地権割合によって9～27％評価が下がります。そして建物のほうは、貸家評価となり30％の評価減が受けられます。さらに時価と固定資産税評価額の価格差がありますから、建築費のおおよそ半分の評価となることが多いのです。

なるほど。だからアパートとか建てるんだね。更地が多かったから、父の相続税がけっこうたいへんだったよ。自分の時には相続税をなんとかしないといけないと考えているんだ。

3

更地で所有していると評価減を受けることができませんから、それはよいお考えですね。

どのような建物を建てたらいいのだろうね。あまり詳しくなくて迷っているんだよ。

4

そうですね。この辺には賃貸物件もけっこう建っていますから、競争力のある賃貸物件を考えないといけないですね。一度、この地域の市場調査をしてから検討されてはいかがでしょうか？

なるほど。市場調査ってものがあるんだね。それを分析すれば競争力のある物件を建築することができるわけだ。よし、市場調査をやってみよう。

着眼点 賃貸事業を承継したお客さまの質問に対して、詳しく説明すると同時に、悩みごとの解決策として市場調査を提案しています。事業を承継した後継者から、悩みごとや経営についての考えをヒアリングすることでビジネスにつながっていきます。

相続対策として、更地に賃貸物件を建築して相続財産の圧縮を図るという対策を行う地権者は多いでしょう。賃貸物件を建築すると土地・建物の評価がどのようになるのか説明します。

1 土地の評価（貸家建付地評価）

> 土地の相続税評価額＝自用地評価額×（1－借地権割合×借家権割合×賃貸割合）

　借地権割合は、土地ごとに指定されています。路線価図に「350D」というように路線価が記載されています。「350」は1㎡当たり35万円という意味で、金額の後ろにあるアルファベットが借地権割合を表しています。

＜借地権割合＞

A 90%　B 80%　C 70%　D 60%　E 50%　F 40%　G 30%

＜借家権割合＞

全国一律 30%

＜評価例＞

路線価：350D、敷地面積：300㎡、各種補正は考慮しないと仮定。
相続税評価額＝35万円×300㎡×（1－60%×30%）＝8,610万円
更地評価額は「35万円×300㎡＝1億500万円」ですから18%減となります。

2 建物の評価（貸家評価）

> 建物の相続税評価額＝固定資産税評価額×（1－借家権割合×賃貸割合）

　建物の固定資産税評価額は時価のおよそ50～70%程度となります。

＜評価例＞

賃貸物件の建築費：1億円、固定資産税評価額：7,000万円と仮定。
「7,000万円×（1－30%）＝4,900万円」となり、建築費1億円の51%減となります。

不動産の活用

相続編 6 　市場調査を活用した更地の有効活用

1

○○交差点の角に、賃貸マンションが建つのですね。最近はこの辺も賃貸マンションが多くなってきましたね。ご主人さまの2丁目の土地は有効活用をお考えではないですか？

あの交差点の賃貸マンションは、田中さんが建てるんだよ。業者に押し切られたと言っていたよ。うちも考えたのだが、賃貸マンションが多くなりすぎて入居率が心配で踏み切れないんだよ。

2

たしかに賃貸マンションが増えましたから入居率が心配になりますね。この駅周辺の賃貸物件の市場調査を依頼されてはいかがでしょうか？　その調査を見たうえで判断されてもよいと思います。

市場調査って具体的にどういうものなんだい。建築業者はワンルームマンションがいいんじゃないかと言っているけどね。

3

市場調査では、この周辺の賃貸物件に関する築年数、間取り、家賃動向などについて詳しく知ることができます。たとえば、「築10年以上が大半でワンルームが圧倒的に多い地域」といった具合です。そのうえで、この地域にふさわしく競争力が保てる間取りを考えるといった戦略が立てられるのです。

なるほど。市場調査ではそういったことがわかるんだね。いいねぇ。
しかし、その市場調査ってどこに依頼したらいいんだい？

4

市場調査をしている業者はけっこう多いんですよ。市場調査を参考にされれば、安心できるのではないですか？　もしよろしければ、市場調査をしてくれる会社を紹介させていただきます。

それじゃ、市場調査を頼もうか。その結果次第で、うちも有効活用を検討してみようじゃないか。

着眼点　更地を所有していても有効活用に踏み切れない地権者には、その理由を尋ねるように心がけましょう。その理由が「入居率」である場合は、市場調査を行うことで競争力のある賃貸物件の建築が可能となります。

周辺に賃貸物件が多い地域の場合、地権者が建築に踏み切れない場合があります。それは周辺の賃貸物件に関する情報に乏しいからだと推測できます。市場調査では下記の調査項目について分析を行うため、その地域に一番ふさわしく競争力の保てる物件を判断しやすくなります。

1 調査対象地域の賃貸物件の調査項目

　市場調査では、下記の項目等を調査します。どのような物件を建築したらよいのか検討する際の参考になります。
① タイプ別（単身、ファミリー等）
② 構造別（鉄筋コンクリート、軽量鉄骨等）
③ 間取り別（1DK、1LDK、2DK、3DKなど）
④ 築年数別
⑤ 需要と供給の関係
⑥ 空室率

2 入居希望者のニーズ調査

　そのエリアで部屋を探している人たちの特性やニーズも調査によって把握することができます。そのニーズを取り入れた物件を建築することで、競争力が保てるようになります。

3 賃貸マンション建築の留意点

　相続対策のために賃貸マンションを建築するケースがありますが、一番大切なことは節税ではなく収益性です。収支シミュレーションのなかで、修繕積立金が少なく記載されていないか必ずチェックしましょう。なぜなら、収支をよく見せるために修繕積立金を少なく計上している収支シミュレーションがあるからです。建物はある周期で大規模修繕を行わなければ競争力は保てなくなります。その費用が修繕積立金で賄われるのか検証する必要があるのです。
　「老後の生活費を家賃収入で」という考え方も、賃貸業を営むうえでは危険な考え方です。大規模修繕の費用が捻出できず競争力を失ってしまう可能があります。その費用を金融機関からの借入で賄ったとしても、その返済で収支が悪化してしまいます。賃貸マンション建築は、賃貸事業ですから「事業」として成り立つように計画性を持って運営していくことが大切です。

不動産の活用

相続編 7 賃貸物件を建築する場合の名義（相続編）

1

昨日お伺いした際に、奥さまから建築業者が来ているとお聞きしたのですが、賃貸マンションをお建てになるのでしょうか？

固定資産税の負担もたいへんだし、業者の勧めもあって建てようかと思っているんだよ。今回もおたくの銀行で借りようと思っているのでよろしく頼むよ。

2

はい。前向きに検討させていただきます。
ところで建物の名義はご主人さま名義で建てられるのでしょうか？

いや、資産管理会社の名義で建てようと考えているんだ。子どもと相談したのだけど、いまでも所得税が高いから、資産管理会社を活用して所得分散をしようと考えているんだよ。

3

えっ、そうなのですか？
相続対策で建てられるのではないのですか？
たいへん失礼なお話なのですが…ご主人さまの年齢を考えますと個人名義でお建てになったほうがよろしいのではないでしょうか？

この賃貸事業は長男が引き継ぐことになるのだが、その長男が資産管理会社で建てると言っているんだよ。
子どもの代になっても所得税の負担はたいへんだからね。

4

お気持ちはわかりますが、相続税負担が大きく異なってくると思います。所得税と相続税のシミュレーションをして検討されることをお勧めします。今回、相続対策として個人名義で建築したとしても、ご長男の代に法人と個人間の売買などで所得対策を検討することができます。

子どもの代になったら所得対策を検討するというわけだね。それなら、私ももうすぐ80歳だから、相続対策を優先して考えたほうがよいのかもしれないね。君からも長男に説明を頼むよ。

着眼点 高齢者の方が行う対策では、所得対策より相続対策を重視することでメリットが生じる可能性があることを説明しています。所得税の軽減額と相続税の軽減額をシミュレーションし、損益分岐点によって判断することを勧めています。

賃貸物件を建築する場合、建物を個人名義で建てるか、法人名義で建てるかによって、今後の所得税または相続税の負担が大きく変わってきます。特に、高齢者の場合は慎重に判断する必要があります。

1 判断の目安

所得金額が1,800万円超の場合、年齢や健康状態を考慮して「所得」または「相続」のどちらの対策に重点を置くのか判断します。

年齢の目安	重視する対策	建物名義
年齢が若い（70歳未満）	所得対策	法人名義
高齢（70歳以上）	相続対策	個人名義

2 建物名義による相続税負担の違い

＜前提条件＞
- ●相続人：子ども2人
- ●建築地：面積300㎡、路線価50万円、借地権割合70%
- ●建築建物：借入2億円、固定資産税評価額1億2,000万円
- ●その他財産：5億円（金融資産、建築地以外の不動産等）

	個人名義で建築	法人名義で建築
建築前の相続税額	2億2,000万円	
土地の評価額	1億1,850万円	1億2,000万円※
建物の評価額	8,400万円	−
その他財産	5億円	5億円
借入額	▲2億円	−
課税財産額	5億250万円	6億2,000万円
建築後の相続税額	1億5,300万円	2億600万円
差額	5,300万円	

※「土地の無償返還に関する届出書」により、土地の評価額は80%となります。

上記のシミュレーションは概算により算出しています。個人名義で建築したほうが相続税額は5,300万円負担が少なくなります。所得税の軽減額が5,300万円を上回ることができるかがポイントになります。

不動産の活用

相続編 8 — 賃貸物件を建築する場合の名義（所得編）

1

2丁目の更地に賃貸マンションを建築するとお聞きしました。ぜひ、当方でご支援させてください。
ところで、ご主人さま名義で建築されるのでしょうか？

私名義で建築しようと建築業者と話をしているんだよ。借入については、よその銀行さんも金利を安くするから借りてほしいと積極的にアプローチをかけてきているよ。

2

ご主人さまの名義で建築して本当によろしいのでしょうか？
ご主人さまは所得金額が3,000万円を超えていて、所得税の負担が重いのではないですか？
今回の建築は、法人名義で建築されたほうが税金の負担が軽減できると思いますが…。

法人名義？ 考えてもいなかったなぁ。
建築業者も、よその銀行も何も言っていなかったよ。たしかに、今でも所得税の負担は重いのだけど…。

3

ご主人さまは、まだ53歳とお若いですから所得税に焦点をあてて建築されたほうが、メリットが大きいと思います。所得金額の目安としては、1,800万円を超える場合には、法人を活用したほうが税金の負担が軽減します。特に、所得金額が4,000万円を超えますと所得税率は55％になるんですよ。

なるほど。今回の建築によって所得金額が4,000万円を超える可能性があるんだよ。そうなると55％も税金を負担することになるのか。

4

一方で、法人を活用した場合は約30％ですので、税率が大幅に違います。そして法人を活用することで、家族への所得分散も可能となりますから、メリットはもっと大きくなると思います。一度、税理士の先生に相談されてはいかがでしょうか？

そうだね。法人で建てたほうがメリットがありそうだ。建築する前にアドバイスをもらってよかったよ。さっそく税理士と相談してみるよ。

着眼点 地権者がまだ若いことから、所得対策を重視し法人名義で建築するメリットについて説明しています。賃貸物件を建築する場合、所得対策を重視するのか、相続対策を重視するのかによって建物名義を検討することが大切です。

賃貸物件を建築する場合、建物を個人名義で建てるか、法人名義で建てるかによって、今後の所得税または相続税の負担が大きく変わってきますから慎重に判断する必要があります。

1 判断の目安

所得金額が1,800万円超の場合、年齢や健康状態を考慮して「所得」または「相続」のどちらの対策に重点を置くのか判断します。

年齢の目安	重視する対策	建物名義
年齢が若い（70歳未満）	所得対策	法人名義
高齢（70歳以上）	相続対策	個人名義

2 建物名義による手取額の違い

＜前提条件＞
- 個人：既存不動産所得4,100万円、所得税率55％（含む住民税）
- 建築物件：賃料収入5,000万円、経費2,000万円
- 法人：法人実効税率30％と仮定

	個人名義で建設	法人名義で建設
賃料収入	5,000万円	5,000万円
経費	2,000万円	2,000万円
不動産所得	3,000万円	3,000万円
所得税（55％）	▲1,650万円	-
法人税（30％）	-	▲900万円
手元資金	1,350万円	2,100万円
手取額差額	750万円	

上記のシミュレーションは概算により算出しています。手取額は、法人名義のほうが750万円多くなります。法人名義の場合、家族に給与等で所得分散を行うことでさらに税負担を軽減することができます。

関連ページ 15

不動産の活用

相続編 9　老朽化した賃貸物件

1

東日本大震災以降、耐震化に対する関心が高まっていますが、たしか、お客さまは築40年ぐらいの物件をお持ちだと思うのですが、耐震化については何か対策を講じられたのでしょうか？

あぁ、1丁目の賃貸物件が築41年になるんだよ。東日本大震災の時には、壁にひび割れが発生して補修はしたけど、空室が多くなってきていてね。新しい入居者もない状態で困っているんだよ。耐震化工事はお金もかかるし老朽化したビルにお金をかけても仕方ないしね。

2

それはお困りですね。
1丁目の不動産は立地がよいですし将来にわたって代々引き継がれていく大切な不動産ですよね。

あの場所は駅からも近いし、うちの所有不動産のなかでもよい物件なんだよ。子どもの代になっても、しっかり守ってもらいたいと思っているんだ。そうじゃないとご先祖さまに申し訳ないからね。

3

駅に近いというのがいいですよね。
耐震化工事にもけっこうな資金が必要ですし、守っていく大切な不動産であれば、ご主人さまの代で建て替えてはいかがでしょうか？

私も年だから、建替えは子どもの代でと考えているんだよ。今は空室が多いけど、他の物件からの収入もあるからね。子どもにも、そのように話しているんだよ。

4

お子さまの代で建て替えるのとご主人さまが建て替えるのでは相続税が大きく違ってきますが、その辺は検討されましたか？　いずれ建て替えるのであれば、ご主人の代で建て替えたほうが、相続税の負担が少なくなりメリットを享受することができます。一度シミュレーションをしたうえで検討してみませんか？

そうなのかい。相続税のことは考えていなかったなぁ。それじゃシミュレーションを頼むよ。子どもと一緒に話を聞かせてくれるかい。

着眼点　ここでのポイントは、「守りたい土地」なのか「守らなくてもよい土地」なのかという点です。「守りたい土地」ならば、いずれ建て替えるということです。老朽化した建物の建替えを「生前」または「相続後」にした場合の税負担の違いに焦点を当てています。

ビジネス　融

　老朽化した建物の建替え時期は、地域によって異なりますが、おおむね40～50年前後での建替えが多いのではないかと思います（都心でテナント料が高い地域では35年前後で建て替える場合もあります）。

　老朽化した建物（築40年）を所有している地権者には、その建物の抱える問題点についてヒアリングしてみましょう。さまざまな問題点を抱えているはずです。最終的には、その建物を「壊す」か「建替え」または「売却」をすることになります。

　それを判断するための話法が「代々、守っていきたい土地」なのかについてヒアリングすることです。

1 所有不動産への思いを聞く

　地権者が所有している物件にもいろいろあります。一つひとつの不動産についての思いを聞いてみましょう。
① 立地がよく代々守りたい土地　⇒有効活用
② 周辺の環境が変わり守らなくてもよい土地　⇒物納・売却
③ 収益性が悪く所有していても固定資産税の負担だけが重い土地　⇒物納・売却
などに区分すると、その土地に対する対策が見えてきます。

2 守りたい土地の場合

　守りたい土地の上に老朽化した建物がある場合、いずれ建替えを行うことになります。その場合、生前に建て替えることで、相続財産が圧縮され相続税が軽減されるメリットがあります。生前に建替えを行わない場合は、相続税を納税した後に子どもが建替えを行うことになります。老朽化した建物に問題が生じている場合は「生前」での建替えを検討しましょう。

3 守らなくてもよい土地の場合

　守らなくてもよい土地に老朽化した建物がある場合、下記のような対策が検討できます。
① 「事業用の買換え」で立地のよい地域に買い換える。
② 相続発生後に取得費加算の特例を活用して第三者に売却する。
③ 納税資金が不足している場合は、生前に売却してキャッシュ化しておく（相続税評価額より時価のほうが高い場合）。
④ 物納物件としての要件を整備しておく（地積の測量、境界線の確定などの要件整備に係る費用分だけ相続財産の圧縮につながります）。

関連ページ　27・49・51

不動産の活用

相続編 10　古くなった自宅を賃貸併用住宅に建て替える

1

今年の正月にはご長男は来られるのですか？　お孫さんにも会いたいですよね。

こんな古い家には来ないよ。古すぎて孫が怖がるんだよ。2年前に来た時に、大きなクモが出て大騒ぎになったんだ。それ以来よりつかなくなってね。一人暮らしだから賑やかなほうがよいのだけど。今年も寂しい正月になりそうだよ。

2

それは寂しいですね。ところで、ご自宅の修繕などでけっこう出費があるのではないですか？

そうなんだ。雨漏りが激しくなってきたんだ。北側の部屋の雨漏りを直したと思ったら、今度は台所が雨漏りで困っているんだよ。最近は豪雨が多いから雨漏りも半端じゃないね。

3

それなら賃貸マンション併用住宅に建替えを検討しませんか？ここなら7階建てまで建てられますので、最上階を自宅にして、その他は賃貸にして家賃収入を得るのはいかがでしょうか？　新築ならお孫さんも来てくれると思いますし、相続対策として有効な対策になるのです。

建替えか。台風が来ると、屋根が飛ばされないかいつも心配なんだよね。この辺で決断する必要があるのかなぁ。相続税も心配だしな。

4

はい。
ご長男はご自宅を所有されていますから、小規模宅地等の特例を使うことができません。賃貸物件ですと200㎡まで50％減額することができます。また建物を建築すると相続財産の圧縮効果も期待できるんです。

そのような効果があるんだね。建替えを考えてみるか。長男が私の財産を相続することになるだろうから、長男の意見も聞いてみるよ。

着眼点　小規模宅地等の特例の特定居住用宅地等の適用要件を満たさない場合、賃貸併用住宅に建て替えることで貸付用の小規模宅地等の特例を活用することができるようになります。また、建物を取得すると相続財産の圧縮効果がありますので相続対策として有効です。

自宅の敷地が広く、賃貸物件でも入居者が見込める立地であれば、自宅の建替えのタイミングで賃貸併用住宅の建築により、相続財産の圧縮効果が期待できます。また、家賃収入という安定収入を確保することができます。

小規模宅地等の特例の特定居住用宅地等を活用できない時には、賃貸併用住宅にすることで、賃貸部分について貸付用の小規模宅地等の特例を活用することができます。

相続財産の圧縮効果では、建物を取得することでメリットを享受することができます。建物は固定資産税評価額で評価しますが、その評価額は建築費の50～70％ぐらいであり、建築費（時価）との乖離が大きいほどその効果は大きくなります。

■ 賃貸併用住宅を建築した場合の効果

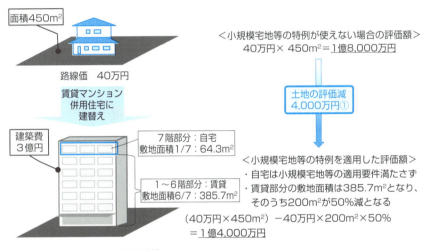

このように、賃貸併用住宅を建築することで相続財産を大幅に圧縮することができますが、一番重要な点は、賃貸事業に無理がないかチェックすることです。賃貸事業に無理が生じれば資産を売却せざるを得ない事態になる可能性もありますから、慎重に判断する必要があります。

不動産の活用

相続編 11 自宅用地の未活用の土地に賃貸物件を建築する

1

ご主人さま、こちらの自宅の敷地の面積はどれくらいあるのですか？　大きすぎて検討もつきません。

昔からの農家だからね。約1,200㎡ぐらいあるんだよ。広すぎて、今では活用していない部分がかなりあるけどね。

2

そんなに広いのですか。ここの路線価は25万円／㎡ですから、相続税評価額で3億円ぐらいですよ。相続税は心配ではないですか？

相続税ねぇ。あまり考えたくないんだよ。相続が起きれば、不動産のいくつかはなくなるよ。父の相続の時も3カ所ほど物納したからね。

3

物納でまた不動産がなくなるのでしたら、自宅の未活用の土地に賃貸物件を建築されたらいかがですか？
ここは若者の人気路線ですし、駅からも徒歩圏内ですから入居者が見込めると思いますよ。

ここに賃貸物件を建てるのかい？たしかにこの場所は駅にも近いし、病院やスーパーもあるから賃貸としての人気が高いのは不動産屋から聞いているけどね。自宅の敷地に他人が入ってくることに抵抗があるんだよ。

4

そうですよね。私もこの街には住みたいくらいです。賃貸部分と自宅の境界を塀で仕切れば煩わしさはないのではないですか？
賃貸マンションを建築すると、相続財産の圧縮効果が期待できますから、メリットは大きいと思います。
まずは、対策の効果を税理士の先生に検証してもらいますから、一度見てみませんか？

そうだね。一度、その効果を見てから検討してみるとするか。じゃ、よろしく頼むよ。

着眼点 自宅の敷地の面積が広くて評価額が数億円という地権者の場合、その敷地のなかで未活用の敷地があれば、有効活用を行うことで相続財産を圧縮する効果が期待できます。その場合、賃貸事業ができる立地であることが重要になります。

自宅の敷地面積が広すぎて相続税評価額が数億円という地権者の多くは、相続税の負担が重く、納税財源として物納を選択することが多いと思われます。自宅部分の未活用の土地の影響で、他の土地を物納で失うことになります。そこで、未活用の土地を有効活用して、多くの資産を次世代に遺すことを検討してみましょう。

■ 自宅敷地の未活用部分に賃貸物件を建築する効果

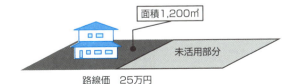

<相続税評価額>
　小規模宅地等の評価減：25万円×330㎡×80％＝▲6,600万円
　相続税評価額：25万円×1,200㎡－6,600万円＝2億3,400万円・・・①

未活用部分に賃貸物件建築

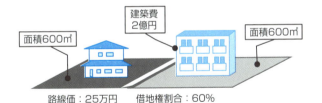

<自宅の相続税評価額>
　小規模宅地等の評価減：25万円×330㎡×80％＝▲6,600万円
　相続税評価額：25万円×600㎡－6,600万円＝8,400万円・・・②

<賃貸部分の相続税評価額>
　建物の固定資産税評価額を建築費2億円の60％（1億2,000万円）と仮定すると、
　土地の相続税評価額：25万円×600㎡×（1－60％×30％）＝1億2,300万円・・・③
　建物の相続税評価額：1億2,000万円×（1－30％）＝8,400万円・・・④

<相続財産圧縮額>
（建築費2億円＋①2億3,400万円）－（②8,400万円＋③1億2,300万円＋④8,400万円）
　＝1億4,300万円

このように、未活用の土地を有効活用することで相続財産を圧縮することが可能となります。

不動産の活用

相続編 12　二世帯住宅による小規模宅地等の特例の活用

1

ご主人さま、ご長男夫婦は近所に住んでいらっしゃるのですね。こんなに広いご自宅なのに同居はお考えにならなかったのですか？

私は同居してほしかったのだが、家内とお嫁さんが、お互いに気を遣って暮らすのは精神的に疲れるから、別々がいいと言って、マンションを買って住んでいるんだよ。お嫁さんも孫を連れてよく遊びに来てくれるから仲はいいんだけどね。

2

そうですか。
最近では別居される方が多いですね。お嫁さんやお孫さんが遊びに来てくれるのは嬉しいですよね。でも別居のままだと二次相続の時に居住用の小規模宅地等の特例が使えなくなりますから相続税の負担が増えますね。

たしか、自宅の小規模宅地等の特例は同居していないと使えないんだったね。だからといって、同居してくれるとは思えないんだよね。同居はしたくないと言っているのだから相続税が増えても仕方ないよ。

3

ご主人さま、たいへん失礼なお話かと思いますが、こちらの自宅は築年数もけっこう経っていますよね。お建替えは考えていないのですか？

そうなんだよ。あちこちガタがきていて修繕費だけでもかなりかかるんだよ。建替えも考えたのだが、夫婦二人だけだし、建て替えても子どもたちは同居してくれないから、このままで我慢しようと思っているんだ。

4

二世帯住宅に建て替えたら、ご長男家族が一緒に住んでくれないでしょうか？　1階がご主人さま夫婦、2階が長男夫婦であれば、ご長男夫婦も承諾してくれるかもしれませんよ。二世帯住宅でしたら居住用の小規模宅地等の特例が使えるんです。ご長男の自宅を賃貸にすれば家賃収入も見込めますから喜ぶかもしれませんよ。

そうか。二世帯住宅という方法があったんだね。それならお互いに気を遣わずに暮らせるかもしれないね。家内と長男に話してみるよ。

着眼点　①妻とお嫁さんの仲、②子どもとの同居の可能性、③自宅の建替えニーズを確認しながら、「二世帯住宅」による居住用の小規模宅地等の特例の活用へと展開させています。小規模宅地等の特例の要件を満たしていないと相続税負担が増えるので重要な問題です。

小規模宅地等の特例の特定居住用宅地等の適用要件について「二世帯住宅」の定義が不明確でしたが、平成27年1月より「二世帯住宅」に子どもが居住しており、その子どもが相続する場合において、特定居住用宅地等として小規模宅地等の特例が活用できるようになりました。

1 居住用の土地の相続税評価額比較

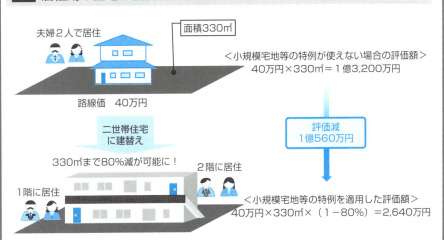

このように、小規模宅地等の特例が活用できるかどうかで相続税評価額が大きく違ってきます。上記の例で相続税率が最高税率55％の方であれば、相続税は約5,500万円前後違ってくるのです。特に都市部に居住している方にとっては、路線価が高いため自宅の評価額も億単位になることが多く、小規模宅地等の特例の適用要件を満たしているかどうかで相続税の負担が大きく変わってくることになります。

2 小規模宅地等の特例の特定居住用宅地等の適用要件を満たす相続人

自宅をだれが相続するかによって小規模宅地等の特例を適用できるかどうかが決まります。
① 配偶者が相続する。
② 同居する親族が相続する。
③ 同居親族がいなく、自己（配偶者含む）の持家を所有していない子どもが相続する。
④ 同居親族がいなく、自己（配偶者含む）の持家を持たなくなって3年経過している子どもが相続する（3年家なき子）。
⑤ 二世帯住宅に居住している子どもが相続する。
上記以外にも、保有継続要件等があります。

不動産の活用

相続編 13 — 事業用資産の買換え

1

〇〇町のアパートが3棟建っている敷地ですが、かなり広いですよね。1,000㎡以上あるのではないですか？

あの物件を見たのかい？敷地の面積は1,200㎡ぐらいあるよ。所有している不動産のなかでは一番広いんだよ。でも郊外だから評価額はそうでもないけどね。

2

収益性や小規模宅地等の特例を最大限に活かすために、「事業用資産の買換え」を検討しませんか？今の所有不動産では自宅部分の小規模宅地等の特例で1,000万円ぐらいの減額しか受けることができません。〇〇町の不動産を坪単価が高い都心に買い換えることで、収益性も上がりますし、小規模宅地等の減額が多くとれる可能性もあります。

うちの不動産は郊外にしかないから、収益性は落ちるけどね。でも先祖代々受け継いできた不動産だから売却するのは気が引けるよ。

3

先祖代々受け継がれてきた大切な土地であることは承知しております。しかし、このままでは相続税の支払で不動産を手放さざるを得なくなるのではありませんか？次の世代に少しでも多くの財産を遺すためには、資産の組換えも選択肢の一つだと思うのですが。

君の言うことも一理あるね。たしかに相続税で財産は減っていくかもしれないね。財産を多く遺すための買換えか。それから収益性が上がればキャッシュフローも助かるわけだね。ところで都心に買い換えるとどれくらいの効果があるんだ。

4

都心のテナントビルで具体的に効果を検証してみる必要がありますね。不動産情報に基づいて税理士の先生にシミュレーションをしてもらいましょう。顧問の税理士にお願いしますか、それとも専門の税理士をご紹介しましょうか？

顧問の税理士は、忙しそうでシミュレーションは頼めないよ。この分野に強い税理士の先生を紹介してくれるかい。

着眼点 小規模宅地等の特例で「貸付用」に着目し、最大限活用する方法として都心への買い換えを提案しています。相続財産の圧縮という観点もありますが、これも事業の一環ですので収益性（キャッシュフロー）が上がることを重視して行う必要があります。

「小規模宅地等の特例」を最大限活用できれば、相続財産の圧縮効果は高まります。所有不動産のなかで小規模宅地等の特例を活用できる土地はどこか、いくら減額できるのか把握することから始めましょう。

1 小規模宅地等の特例

利用区分	限度面積	減額割合
特定居住用宅地等	330㎡	▲80%
特定事業用宅地等	400㎡	▲80%
貸付事業用宅地等	200㎡	▲50%

※特定居住用宅地等330㎡と特定事業用宅地等400㎡は併用適用が可能で、最大適用可能面積は730㎡となります。また、それぞれの宅地において適用要件があります。

2 小規模宅地等の特例の最適活用

郊外にある貸付用の敷地は、1㎡当たりの単価が低いため、小規模宅地等の特例を適用しても減額される金額は多くないのが現状です。一方、都心では1㎡当たりの単価が高いことから減額金額が大きくなります。

このことから、郊外の敷地に小規模宅地等の特例を適用するよりも、都心の敷地に適用したほうが相続財産の圧縮効果が期待できるのです※。

※特定居住用宅地等と特定事業用宅地等に小規模宅地等の特例を限度面積まで適用した場合は、貸付事業用宅地等に適用することはできません。

3 事業用資産の買換え特例の要件（一部抜粋）：9号買換え

① 譲渡価額より取得価額が高いときは、譲渡価額の20～30％（地域により異なる）を収入金額として譲渡所得の計算を行います
② 譲渡資産は国内にある所有期間10年超の土地、建物
③ 買換資産は国内にある土地、建物で敷地面積は300㎡以上
など

「事業用資産の買換え」を行う場合は、相続財産の圧縮だけに捉われて行ってはなりません。事業用から事業用に買い換えるわけですから、事業として収益性（キャッシュフローの改善）を一番に考えなくてはなりません。

また、譲渡資産より買換資産のほうが高く借入が発生する場合には、返済計画に無理のないように慎重に判断する必要があります。

不動産の活用

相続編 14 — 収益物件の1棟買い

1

先日、お話のありました更地への賃貸マンション建築の件ですが、あの更地にマンションを建てた場合、相続税の納税はどのようにお考えですか？

こんなに不動産があるのだから納税はどうにでもなるよ。それより相続対策として賃貸マンションを建築すれば、相続税は安くできるよね。

2

たしかに相続税は軽減されると思いますが、まずは納税財源を確保しておくことが大切だと思います。あの更地以外の土地には、すべて賃貸マンションが建っています。あの土地は物納用地として確保されておかれてはいかがでしょうか？

それじゃ相続対策はできないじゃないか。

3

いいえ、相続対策はほかにもいろいろできるのですよ。たとえば、収益物件を1棟購入するというのはいかがですか？ 保有している土地を活用するのもよいのですが、まるごと1棟購入される地権者もけっこういらっしゃるのですよ。

収益物件を1棟買うのか。それじゃ、資金負担が重くなるじゃないか。借入が多くなると返済も厳しくなるよ。

4

購入物件にもよりますが、借入が重くなるような場合には、所有している物件の一部を事業用の買換えを行うことで借入れを少なくすることも検討できます。相続という観点と収益性の観点を総合的に検討してみるとよいと思います。

なるほど。場合によっては資産の組換えと組み合わせるわけだね。それによって相続対策と収益性が改善すればメリットはあるね。

着眼点 相続対策においては、まず納税財源の確保が第一です。相続税を減らすことばかりに重点を置いた対策には、しっかりとしたアドバイスが必要です。最終的にお客さまが困らないように提案をしましょう。

地権者のなかには、所有している不動産をすべて賃貸物件として活用しているケースがあります。そうなると心配なのが納税資金です。多額の金融資産を保有していれば問題ありませんが、ほとんどのケースでは納税資金が不足していると思われます。納税資金を確保する手段としては、所有不動産を売却（物納）して資金を捻出するしか方法がなくなるのです。そこで、検討するのが「収益物件の1棟買い」です。収益物件を購入すると相続財産の圧縮効果が期待できます。

1 相続対策の順番

① 納税資金の確保
② 相続税の軽減
③ 遺産分割

2 収益物件1棟買いによる資産圧縮効果

<前提条件>
● 購入価格：4億5,000万円（借入）
● 土地：面積350㎡、路線価70万円、借地権割合70%
● 建物：時価1億5,000万円、固定資産税評価額9,000万円

	評価額	計算式
土地評価額（貸家建付地）	1億9,355万円	70万円×350㎡×（1－70%×30%）
建物評価額	6,300万円	9,000万円×（1－30%）
借入額	▲4億5,000万円	
圧縮効果	▲1億9,345万円	

　前提条件により算出した結果は、相続財産を1億9,345万円圧縮させる効果が期待できます。しかし、借入が4億5,000万円と多額な債務を抱えることになります。キャッシュフローが悪化する場合には借入過多であるため、既存物件の一部（収益性が良くない、または立地が良くない等の土地）を売却して「事業用の買換え」と組み合わせることで、借入の負担を軽減させキャッシュフローの改善を検討することが必要です。

<留意点>
　相続税にだけ注力したおかげで、借入が膨大に増え、返済が困難になった場合には、結果として財産を減らしてしまうことにつながりますので、対策のし過ぎには十分注意を払う必要があります。

不動産の活用

相続編 15 　　　容積率からのアプローチ

1

ご主人さま、3丁目のテナントビルの4階部分ですが、今空いているんですか？「テナント募集中」の張り紙がしてありましたよ。

中央区に完成したビルに移転するということで先月末に出ていったんだよ。築年数も古くなってきているから、募集はしているが、なかなか決まらないんじゃないかなぁ。新築のビルも多くなってきているからね。

2

あのビルは築44年ですよね。そういえば、周りのビルは10階建てが多いのに5階建てですよね。建築された当時は5階建てが限度だったのでしょうか？

建築当時は、一番高いビルだったんだよ。その後の容積率の緩和で、今では10階建てが建築できるようになったんだよ。

3

容積率が緩和になったのはよいことですね。築44年ですから、他の物件との競争力や耐震化という問題も抱えているのではないですか？ あの土地を有効的に活用するためにも建替えを検討されてはいかがでしょうか？

たしかに、今のままでは他の物件との競争力は保てないかもしれないね。先日も、入居している会社から耐震性能について質問されたよ。

4

10階建てに建て替えることで収益性はグーンと上がりますよね。一度、業者にシミュレーションを頼んで検討してみませんか？

10階建てにすれば、収益性は今より見込めるはずだが、建築コストがどれくらいかかるかだね。君の言うとおりシミュレーションを見て検討してみるよ。

着眼点 周辺のビルの高さと比較して低層なビルである場合、容積率の緩和について話題にしてみましょう。容積率の緩和と築年数により建替え案件を発掘できる可能性があります。

ビジネス　融

　建物の大きさは、主に建ぺい率と容積率で決まりますが、建物の高さは建築面積をいくらにするかによって変化することから、自治体によっては、絶対高さ制限等を規制しているところが多くあります。
　そのため、建ぺい率や容積率だけでは、何階建てが建築できるのか正確に判断することはできませんが、周辺のビルの高さと比較すれば、何階建てが建築可能なのか推定することはできます。
　周辺のビルと比較して、保有しているビルが低層である場合は、建替えを行うことで、今より高いビルの建築が可能となり、収益性が上がることが期待できます。
　また、周辺と比べて低層なビルは、築年数が古くなっていることが考えられますので、耐震化工事等を話題にしながら建替えニーズを発掘することができます。

■ 容積率と建ぺい率

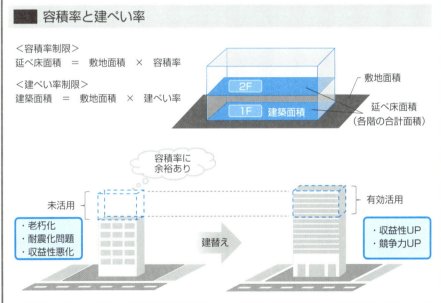

　周辺のビルと比較して低層な建物の場合、容積率の緩和があった可能性が高く、容積率が余っている可能性があります。老朽化ビル等は建て替えることで有効活用ができ収益性がアップする可能性があります。
① 容積率の話題
② 耐震化の話題
③ 収益性や競争力の話題
などで、お客さまの悩みやニーズをヒアリングしてください。

不動産の活用

相続編 16 賃貸物件の建物のみを贈与する

1
確定申告の時期が終わりましたね。今年も税金の負担が多かったのではないですか？

毎年、確定申告の時期は悩ましいよ。アパートの建物も古くなっているから減価償却費で落とせる経費が少なくなっているから所得税の負担がたいへんなんだよ。

2
そうですね。所得税の負担が大きいとたいへんですよね。所有されている賃貸物件には小さめの物件がいくつかございますね。賃貸物件の建物のみを贈与されてはいかがですか？

賃貸物件の建物を子どもに贈与するのかい？それをすると贈与税の負担が重くなるんじゃないの？

3
はい。贈与税は発生しますが、建物は固定資産税評価額で贈与することができ、そこから生まれる収入を子どもに付け替えることができますから、所得税と相続税の軽減につながるかと思います。贈与税負担と所得税、相続税の軽減額のシミュレーションを見て検討してはいかがでしょうか？

なるほど。所得税と相続税の両方のメリットが期待できるかもしれないんだね。ただ子どもに家賃収入を付け替えるとむだ遣いをしないか心配なんだよ。判断に迷うね。

4
家賃収入を無駄遣いしないために、ご主人さまを被保険者とする生命保険に加入する方法があります。万一の時にはその保険金で相続税の納税資金に充てることもできるんです。これなら安心できるのではないですか。

なるほど。そういう方法があるんだね。それじゃ税理士の先生にシミュレーションを頼んでみるか。その結果によって判断するよ。アドバイスありがとう。

着眼点 賃貸物件を数棟所有している地権者の方は、所得税の負担が重いと考えられます。そこで所得の分散という観点から、小さめの物件で収入が上がっている賃貸物件の建物の贈与に着目して会話を行っています。

ビジネス　　　　生

　地権者の方は日頃から固定資産税、所得税、将来発生する相続税などの税金負担に悩まされており税金の話題に関心を示されます。確定申告の時期には税金の話題からお客さまの悩みをヒアリングすることでビジネスに発展することが多くあります。

　所得対策として資産管理会社へ建物を譲渡する方法がありますが、この場合、資産管理会社が買取り資金を調達しなければなりません。一方で「贈与」の場合には、贈与税の負担が生じるため、固定資産税評価額が高い建物の贈与は向きません。贈与税の負担をある程度少なくするため、固定資産税評価額が低く、収入が上がっている建物が理想と思われます。

1 贈与による効果

親 　　家賃収入の移転　　 子

借入がない建物を贈与

①建物を贈与することで、相続財産の圧縮につながります。
②家賃収入が子に移るため所得税が軽減されます。
③家賃収入による相続財産の増加を防ぐことができます。

※贈与税の負担が重い場合には、数年にわたって贈与することで贈与税の負担を軽減することができます。
　・3,000万円を一度に贈与した場合の贈与税（特例）：1,036万円
　・1,000万円ずつ3年間で贈与した場合の贈与税（特例）：177万円×3年＝531万円

　地代の授受がなされない場合、権利関係は「使用貸借」となり、土地の相続税評価額は更地評価となりますので、シミュレーションを行ったうえで判断する必要があります。

2 生命保険で納税資金を確保

　子どもに収入が移ることで、その収入で海外旅行に行ったり、車を購入したりと生活が派手になることを心配する親がいます。そのような心配をなくすために、家賃収入の一部を原資として生命保険に加入することで、子どもの生活水準が派手にならないようにすることができます。

　生命保険の契約形態は、下表のように契約者を子、被保険者を親とする生命保険に加入することで、万一の時には相続税の納税資金として活用することができます。

契約形態

契約者（保険料負担者）	被保険者	保険金受取人	税金
子	親	子	所得税（一時所得）

不動産の活用

相続編 17 二方路線の土地に自宅と賃貸物件を建築する

1

4丁目のアパートが取り壊しされていますが、建て替えられるのですか？

建物も古くて、あんな広い土地にアパートが1棟だけで有効に活用されていなかったから、今度は自宅と賃貸マンションを建てることにしたんだよ。まだ計画の段階だけどね。

2

たしかにそうでしたね。私ももったいないと思っていました。
ところで、あの土地は道路が二方路線になっていますよね。自宅と賃貸マンションはどのように建てられるのですか？

そこなんだよ。土地が広いからどうにでも建てられるんだが、自宅と賃貸マンションの配置で悩んでいるんだよ。

3

二方路線の影響を受けないように建てるのがよいと思います。その場合、路線価の高いほうに、自宅か賃貸マンションのどちらを建てるかですが、ご主人さまは騒音など気にされるほうですか？

自宅は静かなほうがいいよ。年をとると騒音で眠れないこともあるからね。のんびり過ごしたいんだよ。

4

それでしたら路線価の高いほうには賃貸マンション、路線価の安いほうには自宅を建築されたらよいのではないでしょうか？ 相続税はその逆のほうが安くなるのですが、生活環境が一番だと私も思います。相続税が気になるようでしたら建て方の違いによる相続税の変化をシミュレーションして確認しましょうか？

なるほど。おかげですっきりしたよ。相続税は少しぐらい高くなっても、静かな環境で生活したいしね。税理士にシミュレーションを頼んで、建築業者とも相談してみるよ。

着眼点 自宅と賃貸マンションを二方路線の土地に建築する場合、相続税の観点からは小規模宅地等の特例が有効に活用できるように建てるほうがよいのですが、お客さまの気持ちを確認して、その気持ちに沿うようにアドバイスすることも大切です。

ビジネス　融

　二方路線の土地の評価は、正面路線価と裏面路線価の影響を受けるため、評価額が高くなります。今回計画のある自宅と賃貸マンションを建築する際、建て方によって評価額が大きく変わる点に注意して検討する必要があります。

■ 建て方による評価額の違い

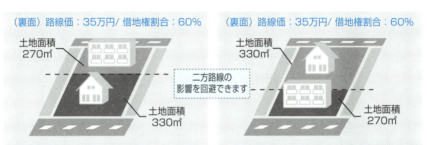

（裏面）路線価：35万円/ 借地権割合：60%　　　（裏面）路線価：35万円/ 借地権割合：60%
土地面積 270㎡　　　　　　　　　　　　　　　　土地面積 330㎡
　　　　　　　　　　二方路線の影響を回避できます
　　　　　　　　　土地面積 330㎡　　　　　　　　　　　　　　　　土地面積 270㎡
（正面）路線価：70万円/ 借地権割合：70%　　　（正面）路線価：70万円/ 借地権割合：70%

＜小規模宅地等の特例の適用地の判定＞
自宅の小規模宅地等の評価減
70万円×330㎡×80％＝1億8,480万円
賃貸物件の小規模宅地等の評価減
35万円×200㎡×50％＝3,500万円
→小規模宅地等の特例は自宅敷地に適用したほうが有利

＜小規模宅地等の特例の適用地の判定＞
自宅の小規模宅地等の評価減
35万円×330㎡×80％＝9,240万円
賃貸物件の小規模宅地等の評価減
70万円×200㎡×50％＝7,000万円
→小規模宅地等の特例は自宅敷地に適用したほうが有利

＜自宅の土地の評価額＞
70万円×330㎡×(1－80％)
＝4,620万円（▲1億8,480万円評価減）
＜賃貸物件の土地の評価額＞
35万円×270㎡×(1－60％×30％)
＝7,749万円（▲1,701万円評価減）
＜相続財産の圧縮効果（土地のみ）＞
▲2億181万円の評価減

＜自宅の土地の評価額＞
35万円×330㎡×(1－80％)
＝2,310万円（▲9,240万円評価減）
＜賃貸物件の土地の評価額＞
70万円×270㎡×(1－70％×30％)
＝1億4,931万円（▲3,969万円評価減）
＜相続財産の圧縮効果（土地のみ）＞
▲1億3,209万円の評価減

　相続対策という観点では、路線価の高いほうに自宅を建築するほうが有利となることがおわかりいただけると思います。しかし、自宅を交通量の激しい道路沿いに建てることに問題はないのでしょうか？
　相続税と住環境のどちらを重視して建築するのか、お客さまのお考えに沿った提案を心がける必要があるのです。

不動産の活用

相続編 18 ／ 等価交換方式の活用

1

中央通りの雰囲気が明るくなりましたね。以前と比べると人通りが多くなったように見えますが、ご主人さまの商売にもよい影響があるのではないですか？

あそこの商店街の皆さんがいろいろな工夫をしたおかげだよ。うちの店の通りも少しは人通りが増えているんだが、店が古いせいか、なかなか客足が伸びなくてね。

2

建築されて40年ぐらいですよね。建替えはお考えではないですか？
周りが7～10階建てのビルが多いですから、今の3階建てを建て替えたら、収益性が上がるのではないですか？

建替えができるものならしたいと思っているよ。建て替えると借入が発生するからね、この商売では返済も厳しいと思うんだよ。

3

たとえば、等価交換方式での建替えは検討できませんか？区分所有になってしまいますが、借入負担を気にしないで建替えができる可能性がありますよ。

等価交換で建てるのか。そういう手段も考えられるんだね。でも等価交換方式ってよくわからないんだよね。

4

都心では等価交換方式で建替えを検討される方も多いのです。土地の代金分だけ所有権が割り当てられますので、借入の負担はないのです。お店も新しくなりますし検討してみる価値はあるのではないですか？
等価交換方式に応じてくれる建築業者から話を聞いて判断されるとよいと思います。

そうだね。一度、業者から話を聞いてみるのもいいね。それでメリットがあるなら前向きに検討すればいいんだからね。

着眼点　都内には、メイン通りから中に入った通りに低層なビルを所有し商売をしている方を多く見かけます。建替えには多額な資金が必要となり、建築に踏み切れない方も多くいらっしゃいます。等価交換方式による建替えが有効な手段となる場合があるのです。

等価交換方式とは、土地所有者と開発業者が共同事業者となり、土地所有者は土地を出資し、開発業者が建物を建て、それぞれの出資比率に応じて土地建物を取得する方式です。　土地所有者の土地持分の一部と、開発業者の建物区分所有権の一部を等価で交換することで、土地所有者は資金負担なしで建物を取得することができます。

1　等価交換方式

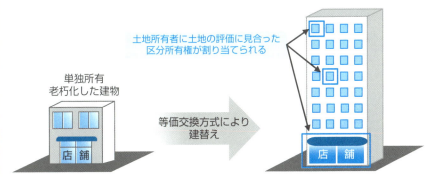

その他の区分所有権は開発業者により第三者に売却

2　等価交換方式のメリット

① 土地の代わりに建物を取得するため、立体買換えの特例が活用できることから土地の譲渡税は繰延べとなります。
② 借入負担が発生せず、新築の建物を取得できる（区分所有）。
③ 割り当てられた建物の一部を売却して資金化も可能。
④ 割り当てられた建物を賃貸にして収入を得ることが可能。
⑤ 相続での分割がしやすくなる（区分所有のため）。

3　等価交換方式のデメリット

① 単独所有から区分所有になるため、自分の自由にならなくなる。
② 建物の減価償却費が少なくなる（土地の取得費を引き継ぐため）。
　このように、建て替えたいが建築費の工面がむずかしい場合などは、等価交換方式で借入というリスクを負うことなく建替えを行うことができるのです。

不動産の活用

相続編 19 建設協力金の活用

1

幹線道路沿いに更地を保有していますが、有効活用は考えていらっしゃらないのですか？ 交通量も多いですから店舗としての活用が検討できると思うのですが…。

有効活用もいいんだけど、借入もけっこうな額になっているから、さらに借金をするのに抵抗があるんだよ。

2

借入ですか？
所有されている賃貸物件も空室が少なく賃貸事業は安定しているんじゃないですか？
キャッシュフローは潤沢ですよね。

たしかに、今は順調なんだが、世の中の変化も激しいから、借入額は多くしたくないんだよ。今後、建物が古くなってきたら空室も増えるだろうしね。

3

それなら、建設協力金方式で検討する方法はいかがですか？ 建物の建築費を開発業者が協力金として出してくれるんです。その協力金は毎月の家賃から差し引かれるのですが、無利息なんですよ。契約も20年と長期契約になりますから安定した賃貸事業ができるのではないですか？

建設協力金？ そんな制度があるの？ 無利息で建築費を出してくれるのかい。それに20年の長期契約だとありがたいね。

4

そうなんです。
20年の長期契約ですから空室の心配もありません。万一、途中で契約が破棄された場合は、建設協力金の返済をしなくて済みますからリスクを最小限に抑えることができるんです。土地の評価も下がりますから、相続対策にもなります。

契約が破棄された場合は、返済しなくていいんだね。それならリスクは少なくて賃貸事業ができるね。シミュレーションで収支の状況を見たうえで判断したいから業者を紹介してくれるかい。

着眼点 幹線道路沿いは飲食店等の出店ニーズが高い場所です。既に多額の借入を抱えていれば、更なる借入に不安を感じるお客さまもいらっしゃいます。建設協力金方式であれば長期契約で安定的な賃貸事業が行える点を説明し不安を解消しています。

> ビジネス

　建設協力金方式は、土地所有者にとって金融機関からの借入を行う必要はなく、出店希望者から無利息で提供される建設協力金で建設することができます。そして20年の長期契約として賃貸事業を行うことができることから安定した経営が期待できます。契約期間中に、万一、出店希望者が退去する場合には保証金（建設協力金）の返済義務がなくなりますので、リスクを最小限に抑えることができます。

1　建設協力金スキーム

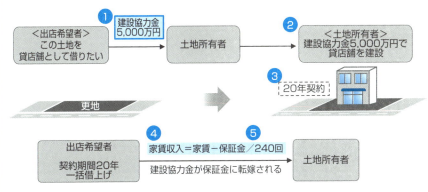

① 出店希望者が土地所有者に建設協力金（無利息）を差し入れる。
② 土地所有者は建設協力金で店舗を建設。
③ 契約期間20年の一括借上げ（管理・運営は借主）。
④ 建設協力金は「保証金」に転嫁され毎月の家賃から差し引かれる。
⑤ 借主が契約途中で退去する場合は保証金の返済義務がなくなる。

2　建設協力金方式のメリット

① 建築費を借入する必要がないため利息の負担が生じない。
② 契約期間が長期となるため安定した賃貸事業を営むことができる。
③ 契約途中で退去した場合、保証金の返還義務がなくなる。

3　建設協力金方式のデメリット

　建物は賃借人が利用しやすいように建設しているため、転用する場合の家賃交渉がしにくくなる。

所得対策

相続編 20　所得税が高いオーナー地権者

1

平成27年分から、住民税を含めた所得税の最高税率が50％から55％に引き上げられましたね。社長の負担もますますたいへんになりますね。

そうなんだよ。最近は個人の税金負担が増えるばかりだね。消費税も上がっているし本当にたいへんだよ。

2

本当にそうですね。一方で法人税が減税になりますから御社としては恩恵がありますね。個人は増税、法人は減税という流れですね。たしか、社長はテナントビルを所有されていますよね。

ああ、都内に2カ所持っているけど。それがどうかしたのかい。

3

社長、そこで提案なのですが、社長の役員報酬だけでも所得税率は50％ですよね。そこにテナント収入が加わりますから、最高税率の55％になります。テナントビルの建物を法人所有にされてはいかがですか？

所得税の負担はたいへんだけど、うちの会社で買うことはないよ。うちの事業は製造業であって賃貸業じゃないからね。あの不動産は個人の所有物だから、事業会社とは区別しておかないとね。

4

社長、新たに資産管理会社を設立して、その会社に譲渡するんですよ。奥さまやお子さまが実際に資産管理会社の業務に従事することでテナント収入をご家族に分散させることができます。

なるほど。法人のほうが税率が低いし、収入を家族へ分散できれば全体で税負担を軽減させられるのか。事業が忙しくて、そこまで考えられなかったよ。

無理もありません。その効果について検証をしてみないと最終判断はできないと思いますので、専門の税理士と一緒に検討していきましょう。

着眼点　事業会社を経営し、かつ収益物件を所有しているオーナーの所得税率は最高税率の可能性があります。会社の決算書類から社長の役員報酬額を確認し所得税率を把握しておくことが大切です。

中小企業の社長のなかには、会社を経営しながら収益物件を所有している方は珍しくありません。会社からの役員報酬と賃貸収入があり、所得税の負担はかなり重いものと推測できます。

雑談のなかで、「収益物件を所有していらっしゃいますか？」とやんわり聞いてみるのもよいと思います。

収益物件を所有していれば、ほぼ間違いなく所得税率は最高税率の55％と思ってもよいでしょう。

そこで検討されるのが法人の活用です。下表にように所得税と法人実効税率には大きな格差があります。個人の所得を法人に付け替えられれば、一族全体の税負担を軽減させることができるのです。

「所得税率の高い方は、つねに税金に悩まされている」と言ってもよいでしょう。

■ 個人所得税率と法人税率

所得税率

課税される所得金額[1]	税率[2]	控除額[2]
1,800万円　超　4,000万円　以下	50％	279万6,000円
4,000万円　超	55％	479万6,000円

※1　課税所得1,800万円以下省略。　※2　住民税10％を含む。

法人実効税率[2・5]

事業年度の開始日	大法人[4]	中小法人（所得区分別）[1・3]		
		400万円以下	400万円超 800万円以下	800万円超
平成30年度	29.74％	25.99％	27.57％	33.59％

※1　中小法人とは期末資本金または出資金の額が1億円以下（資本金が5億円以上の法人の完全子会社を除く）の法人をいいます。
※2　法人実効税率は、住民税の均等割、事業税の資本割および付加価値割を含めていません。
※3　住民税・事業税の標準税率を適用し、事業税の軽減税率適用法人として算出しています。
※4　住民税・事業税の標準税率を適用し、事業税の軽減税率不適用法人として算出しています。
※5　東京都23区内の決算法人を前提。

平成28年度税制改正により、法人税の実効税率は段階的に引き下げられ、平成30年度は29.74％になっています。今後、所得税と法人税の税率格差は拡大していくと思われ、法人を活用した所得分散ニーズはさらに高まっていくことが予想されます。

所得対策

相続編 21　所得税に焦点をあてた借換え提案

1

昨年、3丁目に建築された賃貸マンションですが、個人名義で建築されたのですね。ご主人さまはまだ50歳ですから相続対策というより所得対策のほうが重要だと思うのですが、個人名義で建築されたのには何か訳があるのですか？

特に理由はないよ。個人で建築することに税理士も何も言わなかったよ。〇〇銀行からも特にアドバイスはなかったし、このようなことを言ってきたのは君だけだよ。

2

ご主人さまは賃貸物件を数多く所有されていますから、所得が高く所得税率が最高税率ではないのかと思ったものですから。もし、所得税率が最高税率の55％でしたら所得税の負担は重いですよね。その辺はいかがですか？

確かに、所得税の負担はたいへんだよ。税制改正で所得税率が50％から55％に上がったからますます納めるのが負担になるよ。

3

やはりそうでしたか。ご主人さまはまだ若いですから、所得対策をお考えになって資産の組換えを検討するとよいと思います。具体的には個人で所有している賃貸物件の建物を資産管理会社に譲渡する方法が考えられます。

なるほど。法人税のほうが税率が低いから負担は少なくなるんだね。検討してみる価値はありそうだ。しかし、税理士や借入れした銀行は、なぜ何も言ってくれなかったんだ。不親切だね。

4

法人に譲渡する際に、登記費用や取得税等の費用がかかりますので、所得税がどれくらい軽減され、損益分岐点が何年になるのか検証しないといけません。昨年建築されたマンションを含めて、他の物件についても検討してみます。そのためには、税理士にお願いしないといけないのですが、ご紹介いたしましょうか？

費用の負担があるから損益分岐点は大切だね。そこまでしてくれると判断しやすくなるし、よろしく頼むよ。

着眼点　借換え提案を行う場合、金利で勝負するとけっこうむずかしいものですが、所得税に焦点をあてることでスムーズに借換えが実現できます。個人から法人に譲渡することで税率が下がり、個人の借入は完済、法人への貸金が実行され借換えが実現することになるのです。

借換え提案を行う際、金利勝負で提案しているケースを多く見かけます。金利が低いほうに気持ちが傾くのは自然な流れなのかもしれませんが、このところの金利差は大きく変わらないのではないでしょうか。
　それでは、どのように借換えを進めるのでしょうか？
　地権者は、賃貸物件を複数棟所有されており、所得税率が高い方が多いと思われます。法人実効税率と比較すると所得税率は非常に高いのです。昨今では税制改正が行われるごとに、<u>法人税は減税、所得税は増税</u>という流れになっており、所得対策への関心は非常に高まっています。
　そこで、「所得対策」を行うことで自動的に借換えになるスキームを紹介します。

1 建物の譲渡による所得対策からの借換え

　法人実効税率が約30％に対して、所得税は最高税率55％（住民税を含む）となっており、所得税の負担が重いのです。賃貸物件の建物のみを資産管理会社へ譲渡することで適用税率を下げることができるため、一族全体の税負担は軽くなります。

2 高齢者の所得対策は注意！

　既存の賃貸物件の建物を法人に譲渡して所得分散を図る所得対策は、高齢者への提案では慎重に行う必要があります。
　賃貸物件の建物を法人に売却すると、建物の財産圧縮効果がなくなり、相続税が高くなる場合があるのです。<u>高齢者の場合は、相続税への影響も検証して総合的に判断</u>する必要があります。

所得対策

相続編 22 高齢者の「法人と個人間」の売買による所得対策

1

先日、所得の軽減のために、ご主人さま所有の賃貸物件の建物を資産管理会社に譲渡したいとのお話を頂戴し、検討してまいりました。

さっそくありがとう。所得税が高くて納めるのがたいへんなんだよ。おたくで支援して頂けるのなら早く譲渡したいのだが…。

2

支援をすることに問題はありません。しかし、法人と個人間の売買を行うことで所得税はたしかに軽減できるのですが、一方で相続税がかなり高くなります。ご主人さまの場合は、年齢も80歳ですし、相続を重視して考えられたほうがよろしいのではないでしょうか？

近所の人から、所得税が高いなら法人と個人間の売買をしたほうがいいよってアドバイスをもらったんだがね。
そうか、相続税が高くなるんだ。

3

所得税の軽減額が相続税の増税分と費用負担を何年で回収できるかが判断する際のポイントになります。ご主人さまのケースでは10年ぐらいで回収できることになるのですが、その時のご主人さまの年齢が90歳になります。この点をどう判断されるかによります。

損益分岐点が90歳というわけだね。そこまでは生きる自信がないなあ。
それなら相続を重視したほうがよさそうだね。これからも所得税の負担に耐えなくてはならないのか…。

4

今回、お話のあった法人と個人間の売買は、ご長男の方が承継された時に検討することができます。
ご長男にも私から説明をさせて頂きますのでよろしくお願いします。

自分の時は相続を重視して、息子の代になった時に所得対策を行うということだね。
検証してくれてありがとう。助かったよ。

着眼点 お客さまから「所得対策」の申し出があった場合でも、相続という点も考慮して説明をしています。お客さまからの申し出であっても、内容を検証したうえで、お客さまにふさわしい対策を提案することが大切です。

ビジネス　融・預・生

　法人と個人間の売買（個人⇒法人）による所得対策を行う際には、
① 年齢
② 所得税の軽減額
③ 相続税の増加額
④ 譲渡税の負担や譲渡に伴う費用（登記費用、不動産取得税等）
などについて総合的に検証する必要があります。

　個人増税、法人減税の流れのなかでは、<u>法人を活用した所得対策ニーズが高まってきていますが、所得税の軽減だけを捉えて対策を行うと、それ以上に相続税の負担が増えてしまうことがあります</u>ので注意してください。必ず、損益分岐点が何歳かを確認することが大切です。

1 損益分岐点の把握

　「相続税の増税分と費用負担分」を「所得税の軽減額」で、何年で回収でき、その時の年齢が何歳かということで判断することになります。

　この損益分岐点の算出は、専門の税理士等に依頼するとよいでしょう。

　人間の寿命はだれにもわからないので判断をするにもむずかしいところがありますが、平均寿命（平均余命）や健康状態を加味しながら判断することになります。

2 相続後に行うことも検討しよう！

　損益分岐点を検証した結果、平均寿命を超える高齢になる場合は相続税の増税分を所得税の軽減額でカバーできない可能性があり、逆に増税になる場合があります。その場合は、相続を重視した対策を検討しましょう。

　所得対策については、相続が発生したのち賃貸事業の承継者が行うように検討します。

所得対策

相続編 23 海外不動産投資を活用した所得対策

1

所得金額が4,000万円を超えると所得税率が55%にアップされましたが、税金の負担がより重くなりますね。

そうなんだよ。決まったことだから仕方ないけど、税金の負担は増える一方だよ。

2

相続対策のために、賃貸物件を建築しても、その収入で所得が増え、所得税が増えるのですから、賃貸経営もたいへんなんですよね。

税金を払うために賃貸事業をしているみたいだよ。世の中には税金を払うことに生きがいを感じている人もいるようだけど、私は何か節税策があればやりたいのだけど何かないかね？

3

節税対策は簡単ではないですが、できないこともないです。
たとえば、海外不動産を取得することで所得税の節税になることがあります。ご主人さまはドイツに何回も旅行に行かれていますよね。ドイツなどよいのではないですか？

ドイツ？ 不動産を取得したら、また収入が増えて所得税の負担が多くなるんじゃないの？ それになぜ海外の不動産なのかね？

4

耐用年数が過ぎた賃貸物件を購入するんですよ。欧州は地震が少なく、古い建物が多くあります。耐用年数が過ぎている物件の場合、購入金額を短い年数で償却してもよいことになっていますから、所得の軽減になるんですよ。それにドイツは国民性のせいか、自宅を保有せず、借家住まいを好み古い建物でも人気があるんだそうです。

耐用年数の過ぎた物件を買うことで、そういうメリットがあるんだね。ドイツなら馴染みもあるし、物件を探してみるか。

着眼点 海外の耐用年数が過ぎた物件に着目していますが、海外に精通している人以外には受け入れてもらえない対策かもしれません。注意しなければならない点は、売却するときには譲渡税等が発生する可能性が高いため、購入する前に検証する必要があります。

> ビジネス

　海外の不動産（特に欧州）では地震が少ない（ない）ため、建物が長持ちしやすく、古い不動産でも価値が下がりにくいという事情があります。また、ドイツでは自宅を所有するより借家住まいの人気が高いという国民性もあり、古い物件でも賃貸事業として成り立つのです。
　国土交通省が平成18年に発表した「住生活基本法の概要」資料によると、滅失住宅の平均築後年数は、日本30年、米国55年、英国77年と地震国日本より格段に長いのです。ドイツも英国と同様なことがいえるのです。
　そこで、着目するのが「耐用年数を過ぎた物件」による対策です。
　日本における税法上の耐用年数は、木造22年、レンガ38年、鉄筋コンクリート47年となっていますが、米国や欧州の建物は、この耐用年数を格段に超えていても人気があり、価格の下落が少ないといわれています。
　海外に賃貸物件を購入した場合の例で所得対策について検証してみましょう。

■ 海外の不動産投資による所得対策

<建物の前提条件>
- ●購入金額　：　1億円
- ●築年数　：　50年（耐用年数38年を超過）
- ●構造　：　レンガ造り
- ●収入　：　1,000万円

<耐用年数が過ぎている建物の償却年数の算出>

耐用年数38年 × 0.2 ＝ 7.6年　⇒　**7年で償却可能**

↓

購入金額1億円 ÷ 7年 ≒ **1,428万円（減価償却費）**

↓

7年間、減価償却費として毎年1,428万円を経費に算入することができます。

本件の収入1,000万円※　－　本件の減価償却費1,428万円
※経費は考慮していません。

↓

所得の軽減428万円

【留意点】建物を売却する際には、譲渡税が発生する可能性が高く、所得税の軽減額と比較し効果検証を行う必要がありますので、専門の税理士等と相談の上、判断するようにしてください。

納税資金対策

相続編 24 物納の要件整備

1

税理士の先生に頼まれていた相続税の試算はいかがでしたか？不動産を数多く所有されていらっしゃいますから相続税は高かったのではありませんか？

先日、できあがったよ。想像はしていたが、土地を手放さないといけなくなりそうだ。税理士の先生が物納を考えたほうがよいと言っていたよ。

2

物納ですか？
相続が起きるごとに財産が減っていくんですね。ところで、物納用地としてどの土地をお考えなのですか？

駐車場にしているところが3カ所あるから、そのなかの1カ所を物納しようかと考えているんだが、どれにするかこれから考えなくてはならないんだよ。

3

物納用地が決まれば、要件整備をしなくてはなりませんね。要件整備として、測量や境界線の確定などをしておく必要があると思います。

要件整備か。私に万一のことがあってからでも大丈夫じゃないか。

4

測量も費用がかかりますから、生前にされたほうが財産を減らす効果があります。そして境界線を確定するために、隣接地の所有者から確認の捺印をもらったり、けっこうたいへんなんです。相続が発生してからだと、なかなか捺印してくれないという事例もありますから。そういう事態になれば申告期限までに間に合わないことも考えられます。

そうなのかい。それはたいへんそうだね。君のアドバイスどおり、事前に物納物件の要件を整えておいたほうがよさそうだね。

着眼点 物納の要件整備は生前に行うことが大切であることを説明しています。物納物件の要件整備には測量や境界線を確定させるなど費用が発生するものがあります。相続後に行うより生前に行うことで相続財産の圧縮につながるメリットがあるのです。

相続税の納税財源として「物納」を検討する場合、要件を整備しておく必要があります。相続が発生してからでは申告期限までに間に合わないことも想定されます。10カ月あるから大丈夫と思われる方も多いのではないかと思いますが、あっという間に10カ月が経過してしまうのです。

1 申告期限までのスケジュール

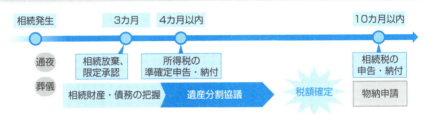

被相続人の相続財産を把握するのに数カ月、遺産分割協議にさらに数カ月を要します。特に相続人が遠方に居住している場合には、なかなか遺産分割協議が進まないこともあります。

物納を考えている場合は、遺産分割協議がスムーズに行われることが前提となります。遺産分割協議が調わない状態では、未分割財産として物納不適格財産となり物納申請をすることができません。

2 物納と遺言はセット

物納を予定している場合、「遺言」を作成しておくとよいかもしれません。遺言書があれば、相続財産を調べる必要がなくなり、遺産分割協議も原則、必要なくなりますから相続手続はスムーズに行うことができます。

ただし、遺言を作成する場合は、遺留分の侵害とならないように財産分与を考える必要があります。

3 土地を売却した場合と比較する

物納を検討する場合、その土地を第三者に売却した場合と比較して、どちらが有利か調べるようにしましょう。

土地を売却する場合には譲渡税が発生しますが、物納より高い価格で売却でき、譲渡税を負担しても物納より有利であれば、生前に売却し納税資金として確保しておくとよいでしょう。

納税資金対策

相続編 25 　**取得費加算の特例（納税資金の確保）**

1

生前、会長にはたいへんお世話になりました。いま相続の手続等でご多忙のことと思いますが、当方でお手伝いできることはございませんか？

ありがとう。やっとこれから姉や弟たちと分割協議をしなくてはいけないんだよ。それと相続税のことが気がかりでね。

2

会長がお亡くなりになってから、もう4カ月が経ちますね。申告期限まであと6カ月しかありませんからたいへんですよね。不動産を多く所有されていましたから、相続税も高額になるのではないですか？

そうなんだよ。いま計算中なんだが、ざっくり2億円ぐらいはかかるらしいんだ。そんなにキャッシュはないし、納税についても、これから考えなくてはいけないんだよ。

3

そうですか。それなら、最初に納税をどうするか検討されたほうがよいですね。それによって分割の仕方が変わるかもしれませんので。納税資金が足りないときは、物納を検討されますが、不動産収入等が多い場合は、物納ではなく延納になる場合がありますので注意しなくてはなりません。

物納しようかと考えていたのだが、収入があると簡単には物納できないようだね。延納にされると返済がたいへんになるから、それだけは避けたいね。

4

会社で使用している駐車場は、会長の所有でしたね。それならば、事業会社で駐車場を購入することはできませんか？ 相続の発生から3年10カ月以内の譲渡には取得費加算の特例が活用できますので、譲渡税が軽減されるメリットがあるんです。

会社で使っている駐車場だから会社で購入するのも1つの考え方だね。譲渡税も軽減できるのであればメリットはありそうだ。税理士と相談してみるよ。アドバイスありがとう。

着眼点　納税順位は①現金納付、②延納、③物納という順番になります。物納をしたくても認められないケースがあります。このような話題から納税財源を確保する手法をアドバイスしてあげましょう。

「取得費加算の特例」は、相続した不動産等（譲渡資産）を相続開始後3年10カ月以内に譲渡した場合に活用できる特例です。

下記の計算式で算出された金額を取得費に加算することができることから、譲渡税を軽減できるメリットがあります。

$$\text{取得費に加算する金額} = \text{相続税額} \times \frac{\text{譲渡資産の相続税の課税価格}}{\text{相続税の課税価格（債務控除前）}}$$

1 納税手段は生前に検討

相続が発生してから、納税資金の手当てに苦労されている方を見かけることがあります。「財産があるから相続税はどうにでもなる」という話を聞きますが、そう簡単ではありません。

不動産を多く所有している方は、相続税が高く、それに見合った金融資産を持ち合わせていないことがあります。生前に納税財源を確保していないと、相続が発生してから納税手段を考えなくてはなりません。すんなり「物納」ができれば問題はありませんが、物納にも各種要件があります。その要件をクリアするだけでもたいへんなのです。

物納が認められない場合は、不動産を第三者に売却することになりますが、申告期限まで時間的な余裕がなく、安い値段で売却せざるを得なくなる場合が少なくないのです。

2 納税財源の確保手段

① 収益物件の建物を資産管理会社に売却（生前に実施）
② 土地を事業会社（同族）に売却（生前に検討し相続後に実施）
③ 売却するのがむずかしい土地の場合、生前に処分してキャッシュ化
④ 物納要件の整備（生前に実施）
⑤ 延納でも返済に余裕はあるか（生前に検証）
⑥ 生命保険の活用（生前に加入）

などを検証し、事前に納税手段を決めておくことが大切なのです。

また、相続した不動産のなかに処分したい土地がある場合には、相続開始後3年10カ月以内に売却すると「取得費加算の特例」が活用できます。

関連ページ　189

納税資金対策

| 相続編 26 | 更地が物納予定地だった場合のアプローチ |

1

2丁目に更地を所有していらっしゃいますが、固定資産税の負担がたいへんではありませんか？

そうなんだよ。でも固定資産税が高くても仕方ないんだよ。実は物納用地として考えているから、建物は建築できないんだよ。

2

そうでしたか。物納用地として考えているということは、相続税額を試算したうえで判断されたということですね。相続税の試算は、いつ頃されたのでしょうか？

5年くらい前に一度、税理士が計算してくれたのだが、相続税を現金で納税できそうにないんだ。それで物納を考えているんだ。

3

たしか不動産所得はけっこうありますよね。不動産所得が多い場合、物納が認められず、延納ということになることもあるのですが、税理士からのアドバイスはありましたか？

いや。相続税額を計算してくれただけで、アドバイスは何もなかったよ。いつも確定申告だけをしてもらっている税理士だからね。

4

えっ、そうなんですか？改めて納税対策について検討してみませんか？ 保有されている収益物件の建物を資産管理会社へ譲渡して、納税資金を確保する方法があります。大切な土地を手放さなくてもよくなるかもしれません。専門の税理士を紹介しますので一緒に検討してみませんか？

そのような方法があるのなら専門の税理士の先生と相談してみたいね。紹介、よろしく頼むよ。

はい。かしこまりました。納税資金が確保できれば、あの土地を物納せずに有効活用ができますね。

> **着眼点** 更地が物納用地だと判明しても、不動産収入の多さから物納が認められるかどうかわからないということで話を切り返しています。そして納税資金の確保策として法人と個人間の売買による手法を説明し、更地の有効活用の可能性を導き出しています。

> ビジネス　融・預・生

　市街化区域で、周辺に収益物件等が建っている場所で更地になっている場合、更地にしている理由があるはずです。
　お客さまを訪問して、いきなり「アパートを建てませんか？」という話をすると、そこで話が終わってしまうパターンが多いように思います。
　更地の所有者には、ハウスメーカーや建築業者が日々提案していることを、まずは認識する必要があります。
　他の話法として「あの土地の件で、ハウスメーカーや建築業者の方が提案に来ているのではないですか？」とお伺いする方法もあります。
　「来ているよ」との返答であれば、「建築しないのには、何か理由がおありですか？」と尋ねてみるとよいでしょう。

1 納税順位

※金銭または延納によっても納付が困難であることが要件となっています。

2 法人と個人間の売買による納税資金の確保

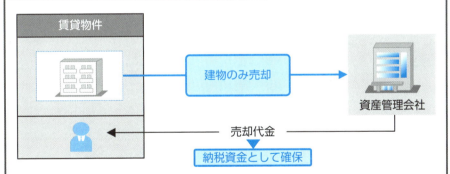

　納税資金の確保策として、個人所有の収益物件の建物のみを資産管理会社に売却し売却代金を納税資金として確保する方法があります。譲渡価額は不動産鑑定評価等を取得するなど適正額（時価）で譲渡します。
　建物に対する融資残高がある場合は、「譲渡価額－融資残高－譲渡税等」が手取額となるため、十分な納税資金を確保できない場合があります。

> 関連ページ　205

納税資金対策

相続編 27 — 定期借地権の活用

1

○○地区の区画整理がやっと終わったみたいですね。以前と比べるとすごく奇麗な住宅地になりましたね。
これから住宅などがどんどん建築されていくのでしょうね。

区画整理されて奇麗になったけど、固定資産税の負担が多くなりそうだよ。

2

あそこにけっこう広い土地を所有されていましたから、区画整理によって何区画か割り当てがあったんですよね。はやりのアパートなどの賃貸物件の建築をお考えなのでしょうか？ アパートなどを建てると固定資産税も安くなりますし…。

全部で5区画がうちの所有になっているんだが、相続税の納税用として一部を物納か売却を考えないといけないかもしれないんだ。本当は手放したくはないんだけどね。そのほかの土地はどうするか考えているところだよ。

3

そうであれば、定期借地権を活用して納税資金を準備されてはいかがでしょうか？ 定期借地権であれば、その土地を手放さなくて済む可能性がありますよ。

そうなのかい。定期借地権で納税資金が準備できるのかね。

4

はい。「前払地代方式による定期借地権」であれば、地代を一括で受け取ることができますので納税資金として使えるんです。それから、定期借地権の土地の評価は30〜40％減額されますので相続税の軽減にもなるんです。専門家を交えて検討してみませんか？

そうか、そんなやり方があったんだね。納税資金にあてられて相続税が安くなるメリットがあるのなら検討してみたいね。

着眼点 相続税の納税財源として物納等を考えている地主の方は多いと思います。でも本音は不動産を手放したくないのです。代々受け継いできた大切な不動産を守っていきたいという思いを聞き出し、その対策として定期借地権の活用を提案しています。

定期借地権は、土地を貸しているため相続税評価において「貸宅地」という扱いになります。貸宅地は地主が自由に利用・処分できないため、更地状態に比べ30～40％ほど減額され、その分、相続税額も安くなるのです。定期借地権で貸している土地は、契約満了と同時に地主に返還されますが、借地期間の残存年数が短くなるにつれ、減額割合は小さくなっていきます。

1 前払地代方式による定期借地権の例

一般定期借地権（50年）として契約、1年分の地代を100万円と仮定すると、
・50年分の地代を一括で受領：5,000万円（納税資金に充当）
・地主は100万円を毎年収益に計上（5,000万円／50年）。
・借地人は100万円を毎年経費に計上（5,000万円／50年）。

受け取った一時金は、1年分ずつ分割して収益に計上するため税金の負担は大幅に軽減されます。また、一時金は保証金と違って契約満了時に返還する必要がないため、相続税の納税、既存借入金の返済などで活用することができます。

2 定期借地権の評価方法

$$\text{定期借地権の評価額} = \text{A自用地評価額} \times \frac{B}{C}（\text{権利割合}） \times \frac{D}{E}（\text{逓減率}）$$

A：評価時点（課税時期）の自用地としての価額
B：定期借地権等の設定時における借地権者に帰属する経済的利益の総額
C：定期借地権等の設定時におけるその宅地の通常の取引価格
D：評価時点（課税時期）におけるその定期借地権等の残存期間年数に応ずる基準年利率による複利年金現価率
E：定期借地権等の設定期間年数に応ずる基準年利率による複利年金現価率

3 権利金と保証金

① 権利金
権利金は受け取った年の所得とされるため、多額の所得税・住民税が課せられるうえ償却もできません。

② 保証金
保証金はオーナーに預託される無利息の預かり金ですから、契約満了時に返還しなければなりません。

前払地代方式による定期借地権が認められるためには、いくつかの条件がありますので、税理士や専門家と相談のうえ判断するようにしてください。

権利関係の見直し

相続編 28　土地・建物の名義が違う（使用貸借）

1

世田谷区の賃貸マンションですが、建物名義はご子息さまの名義なんですね。てっきりご主人さまの所有だと思っていました。ご子息さまの名義で建てられた理由は何かあったのでしょうか？

長男から駐車場にしておくにはもったいないから賃貸物件を建てようと言われたんだが、私自身はもう年だしこのままでいいんだと言ったら、自分が建てるから土地を無償で貸してくれと言われて、長男が建てたんだよ。

2

そうなんですね。そうなりますと使用貸借という形態ですから更地評価になるんですね。それと、ご長男の方は勤めていますから給与収入と家賃収入があるわけですね。そうなりますと所得税率が高いんじゃないですか？　一度、検証してみたほうがよいのではないかと思いますが。

一体何を検証するんだい？

3

この契約形態ですと「使用貸借」として、土地の相続税評価額が更地評価となってしまいます。通常、アパート等の賃貸物件の場合は貸家建付地評価となり約20％程度評価を下げられるのですが、それが使えないんです。相続税にも影響してきますので非常にもったいない話です。

そうか。相続税まで影響してくるのか。そこまで考えてなかったなあ。
長男が自分でやるからと言うので任せたんだよ。今からではもう遅いよね。仕方ないよ。

4

今からでも打てる対策があります。ご長男出資の資産管理会社を設立して、その会社に建物を譲渡することで、土地の評価を20％下げることができるんです。それからご長男の税負担も軽減できるかもしれません。

そうなのかい。一度、長男を交えてもっと詳しく説明してくれないか。長男に連絡しておくよ。

着眼点　親族の間で土地と建物の名義が違うというケースがあります。賃貸物件の場合、本来、評価減を受けられるのですが使用貸借の場合は更地評価となります。使用貸借となった理由を聞いたうえで、相続税に与える影響を説明し、解消方法をアドバイスしましょう。

所有不動産について、名義を確認することは重要です。
　不動産の名義は「ご主人名義」と固定観念を持って判断されている方が非常に多いと感じます。地主の方の不動産を見てみると、配偶者の名義や法人名義、親族の名義、第三者の名義などさまざまです。自分で判断するのではなく、だれの名義なのか確認することが大切です。
　親族の間で、土地（父）と建物（子）の名義が違い、地代の収授がなされていない場合、「使用貸借」という契約形態になり（無償で土地を借りている）、相続という観点からは不利になる場合が多いのです。このような権利関係にする前に、相続税に与える影響をシミュレーションして判断することが大切です。

1 「使用貸借」にする前のチェックポイント

① 子どもが家賃収入を得ることで所得税率がどのくらいになるか。
② 父名義で建築する場合（貸家建付地・貸家評価）と、子ども名義で建築する場合（更地評価）の相続税への影響。
上記①、②を検証して建物名義を判断するとよいでしょう。
　また、個人名義で建築することで所得税率が高くなる場合には、法人名義で建築する方法があります。

2 「使用貸借」の解消におけるメリットとデメリット

① 子ども名義の建物を父が買い取る方法。
　・土地の評価減や建物の圧縮効果が期待できる。
　・子どもに家賃収入が入らなくなる。
　・遺言でこの子どもに土地、建物を相続させる。
② 子ども名義の建物を資産管理会社（子どもの出資）へ譲渡する方法。
　・「土地の無償返還に関する届出書」を税務署に提出することで、土地の評価は20％減額。
　・役員報酬という形で収入を得ることができる。
　・登記費用や不動産取得税等の費用がかかる。
　・法人としての事務が増える。
　相続税の観点からみると、一番有利になるのは子どもから父が買い取る方法と思われます。しかし、子どもに家賃収入が入らなくなることを子どもが嫌がる可能性がありますので、この点を踏まえて提案する必要があります。

権利関係の見直し

相続編 29　共有名義の解消

1
お尋ねしたいことがあるのですが、賃貸物件を数棟所有されていますが、そのうち3棟がお子さま2人との共有名義になっています。どのような理由から共有名義になっているのでしょうか？

世代を飛ばすことによって節税になると思って、父と養子縁組をしていたんだ。本当は共有名義にしたくなかったのだが、申告期限までに分割がうまくまとまらなくて、仕方なく共有名義にしたんだよ。今では共有にしたことを後悔しているよ。

2
そうですか。相続が発生してから申告期限まで10カ月しかありませんからね。このまま共有にしておくと、将来、相続によって共有者が増えていくことが心配ですね。今からでも共有名義の解消を検討してみませんか？

そうなんだよ。孫の代になったときに共有者が増えて、賃貸事業の運営に対する考え方が違ったりすると運営に支障を来すからね。何かよい解消法はあるのかね？

3
解消方法はいくつかあります。「資産管理会社へ譲渡する方法」、「交換の特例を活用する方法」、「事業用の買換えを活用」する方法などがあります。これらを検討するためには不動産の時価の算定や収入のバランス、対策によって発生する税金負担や資金負担などを検証し、もっともふさわしい方法を選択する必要があります。

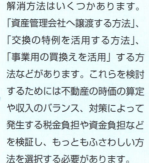
いろいろなやり方があるんだね。どのやり方がよいのだろう。自分ではまったく判断がつかないよ。
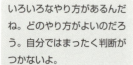

4
ご安心ください。それぞれの方法を検証するためには、専門の税理士にお願いするほうがよろしいかと思います。そのうえでご判断頂きたいのです。当方より専門の税理士をご紹介させて頂きますがよろしいでしょうか？

よろしく頼むよ。これで心配していた共有名義が解消できれば安心できるね。

着眼点　所有不動産の名義を確認し、共有名義になっている理由を聞いています。ポイントは子ども2人が共有になっている点です。兄弟共有は、相続が発生するごとに共有者が増える可能性があり、共有名義を解消したいとの思いがあるのです。

所有不動産を確認する場合は、名義についても確認するようにしましょう。特に兄弟で共有になっている場合は、共有を解消したいと思っていても解消策が見当たらず放置されていることが考えられます。そもそも兄弟での共有はなぜ起きるのでしょうか？ ほとんどのケースは相続による分割によって共有名義になることが考えられます。共有名義は運営の考え方や資産の売却等で意見が合わずトラブルの原因になることがあるため単独名義にしたほうがよいのです。

1 親子共有名義の解消

親子で共有名義になっている場合は、「遺言」で共有名義を解消できます。相続によって、共有者となっている子どもに相続させるのです。

遺言がないと、共有者以外の子どもが権利を主張してくる場合があり、やってはいけない「兄弟共有」になる可能性がありますので、「親子共有」となっている場合は遺言を作成することをお勧めします。

2 交換の特例を活用した解消

兄弟で複数物件を共有している場合、交換の特例を活用することで、譲渡税を軽減しながら単独名義にできる可能性があります。

「土地と土地」、「建物と建物」というように同種の固定資産と交換して共有名義を解消していきます。交換の特例は、交換する不動産の時価の価格差、所有期間、譲渡後の用途等に制限があります。

3 共同売却による解消

交換の特例が活用できない場合、共同で不動産を売却し、その資金でそれぞれが買換えを行って解消する方法（事業用の買換え）があります。

共有名義となっている物件の時価が高い場合などには有効的な手法で、共有者それぞれが自分の好きな場所に物件を単独で所有することができます。

4 資産管理会社に譲渡

資産管理会社に共有物件を売却して法人所有とします。共有者は資産管理会社の出資者かつ役員となり、賃貸事業を運営していくことになります。共有者は資産管理会社の株式を保有することになり、完全な解消とはいきませんが、将来、株式の買取り等で集約しやすくなります。

ただし、資産管理会社は資金の調達をする必要があり、資金負担は重くなりますので慎重な判断が必要になります。

権利関係の見直し

相続編 30 — 自宅が共有名義

1

ご自宅は奥さまと共有名義になっているんですね。おしどり贈与（贈与税の配偶者控除）を活用されて贈与されたのでしょうか？

いや違うんだよ。
自宅を買い換えた際に、妻にも預金があったから、お互いにお金を出し合って2分の1ずつの共有にしたんだよ。

2

そうだったんですね。
ご主人さまは相続税のことを心配されていましたよね。自宅が共有になっているため小規模宅地等の特例がフルに活用できていないんですが…。

小規模宅地等の特例は、私の持分でも活用できるよね。税理士に頼んで相続税の試算をしてもらったレポートにも小規模宅地等の特例は使われていたよ。

3

はい、ご主人さまの持分にも適用されますが、税制改正で居住用の適用面積が240㎡から330㎡に拡大されたんですよ。ご主人さまの持分面積が200㎡ですから、奥さまから130㎡分を購入することで相続財産の圧縮効果が期待できるんです。

夫婦間で売買をするのかね。売買するってことは、登記費用とか税金がかかるよね。そこまでしてやる必要はないんじゃないかね。

4

譲渡税は購入時より価格が下がっていますから心配はないと思いますが、登記費用などの費用はかかります。それに対して相続税がどれくらい軽減されるかということで判断することになります。一度、シミュレーションで確認してみてはいかがでしょうか？

なるほど。相続税の軽減額次第では検討してみるよ。

着眼点
小規模宅地等の特例の特定居住用宅地等の適用面積が拡大（240㎡⇒330㎡）されたことで、相続税への緩和措置がとられました。自宅が共有で持分面積が330㎡未満であることに着目してアドバイスを行っています。

平成27年度の税制改正で小規模宅地等の特例が改正されました。相続税の基礎控除額が縮小される一方で、緩和措置として①特定居住用宅地等の適用面積の拡大（240㎡⇒330㎡）、および②特定居住用宅地等（330㎡）と特定事業用宅地等（400㎡）の併用適用（最大適用面積730㎡）が可能となりました。

　そこで、居住用宅地が共有名義になっており小規模宅地等の特例の適用面積が330㎡未満である場合に、共有者から持分を買い取る（または、贈与税の配偶者控除を活用する）ことで相続税の圧縮効果が見込める可能性があります。

1 持分買取りの目安

相続税の軽減額 ＞ 譲渡税 ＋ 登記費用等

2 持分買取りのシミュレーション例

＜自宅の前提条件＞
- 購入時の価格：1億5,000万円
- 土地：面積400㎡、路線価32万円（時価）、借地権割合60％
- 持分：本人200㎡、配偶者200㎡
- 配偶者からの買取り金額と面積：5,000万円、130㎡

＜相続税計算上の前提条件＞
- 相続人：配偶者、子ども1人
- 自宅以外の相続財産（課税財産）：4億5,000万円

	相続税額（一次相続）
現状	6,768万円
130㎡を買取りした場合	5,882万円
相続税軽減額	▲886万円
売買に伴う費用（仮定）	200万円

　今回の事例では、自宅の売却による譲渡益が発生しないことから、登記費用等を負担しても686万円のメリットが生じる可能性があります。自宅が共有名義になっている場合には、小規模宅地等の特例が最大限活用できているか確認してみることが大切です。

権利関係の見直し

相続編 31 ／ 貸宅地の整理

1
9丁目の土地に10棟の建物が建っていますが、あの土地は貸地なのでしょうか？

そうだよ。父の時に土地を貸したんだよ。もう何十年にもなるよ。今では固定資産税代にもならなくて困っているんだが、どうしようもなくてね。

2
やはり貸地でしたか。貸地を所有されている方は、皆さんご主人さまと同じようなことをおっしゃっていますね。周辺の環境も昔とずいぶんと変わり資産価値が上がったのに収益性が悪いと嘆いていました。

そのとおりだよ。借りている人が借地権を持っているから、こちらとしては立場が弱くて何も言えないんだよ。

3
そうでしたら、専門の業者に借地権の整理を頼まれたらいかがでしょうか？
業者に頼んで少しずつ貸地の整理を進めている方もいらっしゃいますよ。貸地を整理したうえで息子さんに引き継ぐと言っていました。

そういう業者があるんだね。私が交渉すると価格の問題等で折り合いをつけるのはむずかしいから、専門の業者に頼むのはいいねぇ。
でも、いくら業者でも簡単には進まないよね。

4
おっしゃるとおりです。時間はかかると思いますが、だからこそ早く着手する必要があるんです。借地権の整理方法には、いろいろな方法がありますので、ご主人さまのお考えをお聞きしたうえで、どのような整理方法で進めていくか事前に業者と打ち合わせして進めていくことになります。一度、業者からお話をお伺いしてはいかがでしょうか？

そうだね。いつかは整理をしないといけないと思っていたんだ。とりあえず業者から話を聞いて、検討してみることにするよ。その業者を紹介してくれるかい。

着眼点 貸地を所有している地権者は、貸地に対して悩みを抱えていることが考えられます。建物の所有者が借地権を有していますから、活用しようにも活用できないのが現状です。そして収益性が低いため権利関係を整理したいとの思いがあります。

貸宅地とは、地権者が第三者に土地を貸し、借りた者が建物を所有している権利関係で、借地権が発生している土地になります。

貸地の問題点として、①適正な地代がとれていない、②契約書が存在しない、③貸している土地の面積があいまいであるなど、何十年もの昔に貸しているため不明確になっている点が多いのです。貸地を所有している地権者は、貸地に対する悩みを抱えていることが多く、貸地の整理について助言してあげましょう。

1 貸地の整理方法

①底地売却
地権者が借地人に底地を売却する

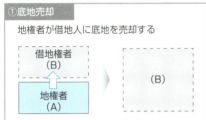

②借地権買取り
地権者が借地人から借地権を買い取る

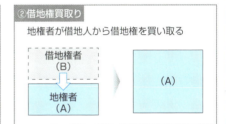

③敷地引き分け
底地と借地権を等価交換して、その敷地を一定割合で分ける

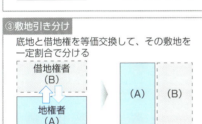

④共同売却
地権者と借地人が底地と借地権を第三者へ同時に売却する

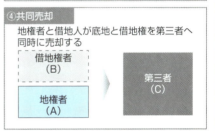

2 物納による整理

貸地を物納する場合は、物納要件を満たしていることが大切です。物納要件を満たしていない場合は、事前に整備する必要があります。

① 土地の賃貸借契約書と建物名義人が同一か
　→借地権者の相続によって違っているケースがあります。
② 賃貸料が不当に安くなっていないか
③ 賃貸料が滞納していないか
④ 境界線が明らかになっているか
⑤ 無道路地になっていないか
など

生前贈与

相続編 32　暦年贈与による生命保険の活用

1

5丁目の賃貸マンションは満室ですか？

おかげさまで満室になっているよ。先月も1室転居していったんだが、すぐに入居者が決まってね。

2

それはよかったですね。賃貸事業が好調ですと、家賃収入で年々財産が増えていきますね。そうなると相続税の負担もたいへんになります。相続財産を少しでも圧縮するために、お子さまへの贈与を検討されてはいかがですか？

子どもに贈与すると、いいように使われるし、生活レベルが上がってしまうことが心配なんだよ。それに家賃収入で貯まったお金は、将来の相続税の支払として考えているんだよ。

3
贈与資金で生命保険を活用する方法ならご主人さまの心配は解消されると思いますよ。具体的には、毎年贈与する資金で、被保険者をご主人さまとする生命保険を、お子さまに契約していただくのです。贈与分の相続財産が減りますし、保険金は相続税の納税資金として活用することができます。

なるほど、そういうやり方があったんだね。それはよい考えだ。

4

ありがとうございます。それでは、生命保険の保険料から毎年の贈与額を検討することにしましょう。お子さまにもお話を聞いていただかなくてはなりませんので、来週ぐらいにお会いできませんか？

わかった。子どもたちの予定を聞いてみるよ。その時に一緒に聞かせてもらえるとありがたいね。

着眼点　無計画で暦年贈与をすると、子どもの金銭感覚がマヒし、生活レベルが上がってしまうことがあります。贈与を行う場合には、その目的を子どもに説明し、理解していただいたうえで行う必要があります。

家賃収入などにより、毎年金融資産が増える傾向にある地権者の場合、暦年贈与を活用し相続財産を圧縮する対策が検討できます。その金融資産を納税資金として考えている場合、贈与した資金で生命保険を活用する方法があります。

1 贈与資金での生命保険の契約スキーム

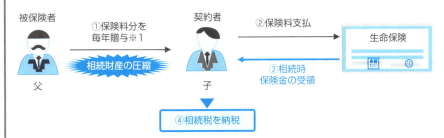

※1　相続開始前3年以内の贈与については、相続財産に持ち戻して相続税を計算します。

2 生命保険の契約形態と課税関係

契約形態

契約者（保険料負担者）	被保険者	保険金受取人	税金
子（受贈者）	父（贈与者）	子（受贈者）	所得税（一時所得）

課税関係

総所得金額に算入される一時所得の金額※2 ＝（保険金－払込保険料－特別控除額50万円）× $\frac{1}{2}$

※2　一時所得は、原則として他の所得と合算して総合課税となります。

3 保険料の贈与のポイント

① 毎年、贈与契約書を作成する（定期贈与とみなされないようにする）。
② 贈与額が110万円を超える時は、贈与税の申告書を税務署に提出する。
③ 贈与資金を銀行振込にし、その口座から保険料を払い込むなど贈与の事実がわかるようにしておくなど。

生前贈与

相続編 33　タワーマンション贈与を活用した収入付け

1

いつも多額なご預金を頂きましてありがとうございます。当方にお預けいただいているご預金は、土地を売られたご資金か何かですか？

道路の拡張があって収用された時のお金だよ。買換えをしようとも考えたのだが、財産に占める不動産の割合が圧倒的に多いから、現金で残すことにしたんだよ。

2

ご主人さまは賃貸物件など多くの不動産を所有されていますから、ご預金で残されたのは、よい選択だったかもしれませんね。
ところで、その不動産ですが、将来はご長男の方が継がれるのでしょうか？　たしかお嬢さまもいらっしゃいましたよね。

賃貸事業は、今では息子が管理して采配しているから、息子が継ぐことになるよ。娘は嫁いだから現金を相続させようと考えているんだよ。

3

そうですか。
多額の現金を相続してしまいますと、生活が派手になったりするからと心配される方が多いのですが、ご主人さまは心配ではありませんか？

そうなんだよ。それが心配なんだが、娘に不動産を相続させるわけにはいかないから、現金で相続させるしかないんだよ。

4

その現金でタワーマンションを購入して、お嬢さまに相続時精算課税制度を活用して贈与されてはいかがでしょうか？　贈与したタワーマンションを賃貸すれば、安定した収入を確保することになりお嬢さまも喜ぶのではないでしょうか？　それから相続財産の圧縮効果が見込めるため、相続対策にもなるんですよ。

そんなことができるのかい。相続対策になって、娘にも収入付けができるのなら安心だね。今度、税理士を交えて一緒に検討してくれるかい。

着眼点　長男が賃貸事業を引き継ぐのに対して、長女には現金で相続させるという点がポイントです。その現金が高額になる場合、子どもの生活水準の変化を心配する親が多いのです。そこで長女に対する収入付けの提案が有効となるのです。

タワーマンション贈与（1室）は、相続財産の圧縮効果が大きく、かつ事業を承継しない相続人に対して安定収入を確保するというメリットがあります。

　事業を承継する相続人は安定収入が見込める半面、現金で財産分与を受ける相続人は、高額な現金等を相続することで、生活水準が上がり派手になってしまうことがあります。いったん、生活水準が上がると、なかなか元に戻せなくなるのです。この点を心配して高額な現金等で相続をさせたくないという親が多いのです。

　そこで検討するのが「タワーマンション贈与」なのです。時価で購入したタワーマンションを相続税評価額で相続時精算課税制度を活用して贈与し、そのタワーマンションを賃貸することで安定収入を確保するわけです。しかも時価と相続税評価額の差額分が相続財産の圧縮となり相続税が軽減されることになります。

■ タワーマンション贈与の効果

＜前提条件＞
●購入価格：1億2,000万円
●建物の固定資産税評価額：2,000万円・・・①
●敷地権の相続税評価額：1,000万円・・・②

相続税評価額3,000万円：①＋②

 相続時精算課税制度を活用
相続税評価額の3,000万円で贈与

贈与を受けた子どもは、賃貸して家賃収入を得る

＜贈与税負担額＞
　贈与税額100万円：（相続税評価額3,000万円－特別控除額2,500万円）×20％
＜相続財産圧縮額＞
　圧縮額9,000万円：購入額1億2,000万円－相続税評価額3,000万円

（注）タワーマンションによる相続財産の圧縮対策について、当局より否認された事例があります。相続発生直前の対策や、贈与後すぐに売却して現金化等を行うことはお勧めできません。子どもに安定収入を確保するための方法として長期間にわたり保有することを前提として考える必要があります。また、負担付贈与の場合は時価での贈与となるため、現金で購入することが前提となります。対策実行にあたっては、専門の税理士等と相談し判断するようにしてください。

生前贈与

| 相続編 34 | 贈与税の配偶者控除の活用 |

1

先日の日曜日、ご子息さまの結婚式でしたね。おめでとうございます。
ところで、ご主人さまは結婚何年目になられるのですか？

祝電をいただいてありがとう。
息子も30歳を過ぎていたから、やっとという感じだよ。
妻とは、もう35年になるかなぁ。

2

35年ですか。
ご主人さまは奥さまと本当に仲がよろしいですね。うらやましいです。何か秘訣でもあるのですか？

秘訣なんてないよ。ただ、子育ても一生懸命してくれたし、家事や家のことは妻に任せているから、感謝しているし尊敬しているよ。それが妻に伝わっているんじゃないかなぁ。

3

そうですか。感謝している奥さまのために、自宅部分の一部を贈与されてはいかがでしょうか？ 奥さまもお喜びになるでしょうし、相続対策にもなるんですよ。

自宅の一部を贈与するのかい？ それじゃ、贈与税がかかってしまうじゃないか。

4

贈与税の配偶者控除といいまして、2,000万円までなら非課税で贈与できるんですよ。登記費用はかかりますが、その分、相続財産が減りますから相続税が軽減されるんですよ。奥さまに喜ばれ、相続税にも効果がありますから検討してみてはいかがですか？

そういう制度があるんだね。贈与税がかからないのであれば考えてもよさそうだね。

着眼点 婚姻20年以上の夫婦に着目して、ご主人さまの奥さまへの感謝の気持ちを聞き出すことがポイントです。奥さまのために何かしてあげたいという気持ちがあれば、居住用財産の贈与も検討できるのではないでしょうか。

> ビジネス

　贈与税の配偶者控除とは、婚姻期間が20年以上の夫婦の間で、居住用不動産または居住用不動産を取得するための金銭の贈与が行われた場合、基礎控除110万円と合わせて最高2,110万円まで贈与税が非課税となる制度です。
　夫婦の仲がよく、配偶者に感謝しているなどのお話をヒアリングできれば、この制度のお話をしてみるのもよいでしょう。

1　贈与税の配偶者控除の要件

> **贈与税の配偶者控除の要件**
>
> ・夫婦の婚姻期間が20年以上であること。
> ・配偶者から贈与された財産が居住用不動産または不動産を取得するための金銭であること。
> ・贈与を受けた年の翌年3月15日までに、贈与により取得した国内の居住不動産または贈与を受けた金銭で取得した国内の居住用不動産に居住し、その後も引き続き居住する見込みであること。
> ・これまでにこの規定の適用を受けたことがないこと。
> ・贈与を受けた年の翌年3月15日までに一定の書類を添付した贈与税の申告書を提出すること。
> ※居住用不動産は、贈与を受けた配偶者が居住するための国内の家屋およびその敷地。居住用家屋の敷地には借地権も含む。なお、居住用家屋とその敷地は一括して贈与を受ける必要はない。

2　判断の目安

> 相続税の軽減額　＞　登記費用等

3　小規模宅地等の特例の特定居住用宅地等に注意

　自宅の敷地の面積が、贈与によって330㎡を下回る場合、一次相続税の軽減効果は少なくなります。
　本制度では、大幅な相続税の軽減が見込めるわけではありませんが、一つひとつの積み重ねが大切だと思います。また、配偶者が先にお亡くなりになった場合には、配偶者の財産額によっては増税となる場合があります。

生前贈与

相続編 35　相続時精算課税制度の活用

1

7丁目の道路が拡張されるという話を、そこに住んでいるお客さまからお聞きしたのですが、ご主人さまのお宅でも、あの道路沿いに駐車場を所有されていらっしゃいますよね。

そうなんだよ。賃貸物件を建築しようかと考えていた土地なんだが、道路の拡張で一部収用される予定になっているので、駐車場にしていたんだよ。

2

そうでしたか。その近くに大型ショッピングセンターが進出してくるという噂も聞きましたが、それは本当なのでしょうか？

私もショッピングセンターができるという話は聞いているよ。あの工場跡地に建てるらしいんだ。数年後になると思うがね。そうするとあの土地の周辺は価値が上がるかもしれないね。

3

そうですね。嬉しい半面、価値が上がると相続税の負担が増えますね。将来、土地の価値が上がるということであれば、相続時精算課税制度を活用して、お子さまへ贈与してはいかがでしょうか？　今の評価額は、路線価が20万円で土地の面積が260㎡ですから5,200万円になりますね。

5,200万円で贈与したら贈与税がたいへんだよ。子どもが納められる金額じゃないから無理だよ。

4

相続時精算課税制度は、2,500万円の控除がありますので、2,700万円に対して20％の贈与税で540万円ということになります。この贈与税は、将来の相続税から差し引くことができるんです。

そうか。2,500万円も控除できるんだね。540万円の贈与税なら検討できるね。前向きに考えてみるよ。ありがとう。

着眼点　道路の拡張やショッピングセンターなど、地域の情報に関する話題から、不動産価格の上昇の可能性へと話が展開されています。そして値上がり資産の贈与による相続対策へと導いています。

相続時精算課税制度を活用して贈与する資産は、将来、値上がりが確実だと思われる資産を贈与するのがポイントです。

話法事例では、道路の拡張による資産価値のアップと複合ショッピングセンターにより人の流れが変わり地域が発展する可能性があり、将来的に不動産の価値の上昇が見込めます。不動産の価格の上昇を判断するのはむずかしいことですが、環境の変化による資産価値の上昇は想定できなくはありません。

また、企業オーナーの場合は自社株式を贈与することも検討できます。

1 値上がり資産の贈与

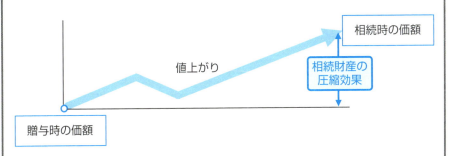

2 相続時精算課税制度の概要

贈与者・受贈者	60歳以上の父母または祖父母から20歳以上の子や孫への贈与
選択	父母ごと・祖父母ごとに、子・孫ごとに選択
控除	特別控除額＝一生の累計額で2,500万円
贈与税率	一律20％（相続税額から差し引くことができる）
相続時	贈与財産を贈与時の評価額で相続財産に加算

（注）いったん、相続時精算課税制度を選択すると、暦年贈与を選択できなくなります。

＜留意点＞

自社株式や事業用不動産を贈与する場合には、特別受益について留意する必要がありますので、固定合意や除外合意を含めて検討することをお勧めします。

関連ページ 125

生前贈与

相続編 36 教育資金の一括贈与に係る贈与税の非課税措置の活用

1

社長、お嬢さまにお子さんがお生まれになったとお聞きしました。おめでとうございます。お孫さんは何人になられるのですか？

息子に2人と娘にも2人で、孫は4人になったんだよ。無事に生まれて安心したよ。

2

本当に良かったですね。お孫さん可愛くて仕方ないのではありませんか？ 今年の年末年始には、皆さんお集まりになるのですか？

毎年、年末年始は皆で過ごすことにしているんだよ。孫の顔を見るのが一番の楽しみでね。

3

それは楽しみですね。そのお孫さんのために、教育資金贈与は考えていらっしゃるんですか？ 1人当たり1,500万円まで非課税で贈与ができる制度で、お申込みがけっこう多いんですよ。

教育資金贈与、いま話題になっているね。この正月にその話を子どもたちにしようと考えていたところだよ。非課税で贈与できるし、相続対策にも効果があるよね。

4

おっしゃるとおりです。ただ多額の教育資金贈与を考えていらっしゃるのなら、その前に相続税の試算をして相続税額を把握してから贈与することをお勧めします。贈与された方のなかに、納税資金だったご資金を贈与してしまい、後悔されているお客さまがいらっしゃいましたので…。

そんな人がいるんだ。たしかに何も考えないで贈与すると、そういう問題も出てくるかもしれないね。良いアドバイスをありがとう。税理士に頼んで試算をしてみるよ。

着眼点 孫の話題から、その孫への思いを聞き出し、孫のためにという展開で会話を進めています。そして、多額の贈与の問題点を例に出しながら相続の話につなげています。教育資金贈与は相続ビジネスに直結するのです。

> ビジネス

　平成25年4月1日より直系尊属から教育資金の一括贈与を受けた場合の贈与税の非課税措置が創設されました。この特例措置の注目すべき点は、<u>1,500万円まで非課税で贈与ができ、贈与した資金が相続財産から完全に切り離される</u>という点です。
　家族構成の話題から、教育資金贈与のニーズを探ることができます。
孫（家族）の話題は下記のトーク例のように、その時期によりスムーズに行うことができ孫への思いを知ることができます。

① 夏休み等、学校が長期間休みの時期
　「もう夏休みですね。お孫さんと過ごす時間が長くなるのではないですか？」
② お正月やお盆など
　「お正月にはお孫さんへのお年玉で出費が多くなりますね」
③ 3月3日ひな祭り、5月5日子どもの日、12月25日クリスマスなど
　「お孫さんに何かプレゼントはされるのですか？」
④ 入学式シーズン
　「今年も入学式のシーズンですね。お孫さんはいくつになられましたか？」

■ 教育資金の一括贈与に係る贈与税の非課税措置の概要

受贈者	30歳未満の子・孫（直系卑属）
教育資金の範囲	① 入学金、授業料、入園費、保育料、入学試験等の費用。 ② 学用品費、修学旅行費、学校給食費など。 ③ 通勤定期券代、留学渡航費など。 ④ その他、学習塾やスポーツ、芸術に関するものも対象となる費用があります。
贈与手段	金銭等を金融機関に信託
贈与限度額	1,500万円 ※学校等以外に支払われる金銭については500万円が限度
適用期限	平成31年3月31日まで
提出書類	教育資金等に関する支払領収書等を金融機関に提出

　教育資金贈与を行う場合は、贈与額を慎重に判断することが大切です。老後の資金や納税資金等を贈与してしまうと、その後の生活や納税に苦しむことになります。また、この特例措置を利用すると、受贈者が30歳に達した時点で残額に贈与税が課せられますので、贈与のし過ぎには注意する必要があります。
　相続税の納税資金に充当すべき資金の贈与を防ぐため、相続税額を把握することが大切で、これによりスムーズに相続ビジネスへ発展させることができるのです。

生前贈与

相続編 37 　名義預金の整理（特定贈与信託の活用）

1

いつもお取引いただきありがとうございます。ひとつお尋ねしたいのですが、〇〇さま名義のご預金はご主人さまが管理されていらっしゃいますよね。

そうだよ。
娘は身体障害者2級なんだよ。それで管理はすべて私がしているんだ。
それがどうかしたのかい。

2

そうだったのですね。ところで、当方でお預かりしているお嬢さまの預金は5,000万円ですが、このご資金は保険金か何かですか？

いや、保険金じゃないよ。障害者になってしまった娘の将来を考えて、私に万一のことがあった時には娘に生活資金として遺してあげたくて、娘名義で預金したんだよ。

3

それでは、そのご資金はご主人さまのお金ということですね。それでは税務調査で名義預金として取り扱われる可能性が高くなりますよ。正式な手続でお嬢さんに贈与することで非課税となるんですよ。

そうなのかい。
贈与したら半分は税金かと思っていたよ。非課税になるってどういうことなんだい？

4

特別障害者の方の生活費にあてるために信託契約を結び、特別障害者の方が利益を受け取る権利がある財産の信託の場合、6,000万円までの贈与については非課税となるんです。
一度、信託銀行に相談されてはいかがでしょうか？

それは知らなかった。
このままにしていたら名義預金で税金が増えるところだったよ。さっそく信託銀行に相談してみるよ。今度、〇〇銀行の定期預金3億円が満期になるんだが、それを君に預けるよ。

着眼点 年齢等から推定して高額な預金等は名義預金である可能性が高いと思われます。税務調査の7割以上で名義預金が指摘されているというデータがあります。名義預金となれば相続税の課税対象となります。

1 特定贈与信託とは

障害者の生活の安定を図ることを目的として、その親族が信託銀行等に金銭等の財産を信託するものです。

信託銀行等は信託された財産を管理・運用し、特定障害者の生活費や医療費等として、信託財産から定期的に金銭を交付します。

この信託を活用することにより、<u>特別障害者については6,000万円、特別障害者以外の特定障害者については3,000万円を限度に贈与税が非課税[※]</u>となります。

※「障害者非課税信託申告書」を税務署に提出する必要があります。

2 特定贈与信託のスキーム

3 名義預金は税務調査の対象に！

年齢にふさわしくない預金額などは、税務調査によって名義預金と判断される可能性が高く、7割以上の税務調査で指摘されています。

贈与をしたつもりが、通帳や印鑑を名義人に渡しておらず、自分自身で管理しているなど理由はさまざまです。名義預金となった場合は、相続財産に組み入れて相続税を再計算し、修正申告が必要になります。

＜留意点＞

家族であっても本人以外の預金について尋ねる場合は、情報漏えいにならないように注意する必要があります。家族間でも内緒にしている預金があるかもしれません。

遺産分割

相続編 38 — 二次相続対策を踏まえた遺産分割

1

相続税の対策にはいろいろな方法がありますが、大半のケースでは一次相続に対する対策がほとんどです。実は二次相続のことも考えて対策をしなければならないのですがご存じですか？

相続と言うと私が亡くなった時の税金対策だよね。税金をいかに減らすか、納税をどうするかが中心だと思うんだが、違うのかい？

2

相続は一次相続も重要ですが、二次相続まで考えて対策を考えなくてはなりません。一次相続を間違えると、二次相続で多額の相続税を支払わなくてはならなくなる場合があるのです。

そうなのかい。その二次相続まで考えた対策って、どういうものがあるんだい？

3

二次相続対策のための遺産分割を検討することが大切なんです。賃貸物件を数棟所有されていますから、その賃貸物件を二次相続対策で活用できるように遺産分割をする必要があります。奥さまに賃貸物件を相続させて安定した生活資金を遺すという方がいますが、賃貸物件はお子さまが相続するようにしたほうが二次相続のメリットを享受できる可能性が高くなります。

賃貸物件を妻に相続させようと考えていたんだが違うのかい？子どもに賃貸物件を相続させることで二次相続の対策にどうしてなるんだい？

4

お子さまが賃貸物件を相続した後、その賃貸物件の建物のみをお子さまから奥さまが買い取ることで相続財産の圧縮効果が期待できるのです。当然、家賃収入は奥さまが享受することになりますから、生活資金として充当することができます。遺産分割次第で相続税の負担が大きく変わることになるんです。検討された遺産分割は遺言として思いを伝えることをお勧めします。

自分の相続税を安くすることばかり考えていたが、遺産分割はもっと大切なんだね。税理士を交えて一次・二次の相続対策を検討してみるよ。

着眼点 相続対策を検討する場合、一次相続だけではなく二次相続を踏まえた検討が必要である点と遺産分割の重要性についてアドバイスを行っています。遺産分割は円満な相続を行うためにも大切ですので、検討した分割案は遺言書を作成するようにアドバイスします。

相続対策を検討する場合、一次相続のみを考えて対策を実行される地権者がいますが、一次相続はなんとか無難に乗り切ったものの、二次相続において苦労されたという方も少なくありません。相続対策は二次相続まで考えて対策を行わなければならないのです。

1 二次相続を踏まえた遺産分割例

① 配偶者が一次相続で取得する財産
・二次相続において小規模宅地等の特例が活用できる不動産
・生活資金（金融資産）
② 子どもが一次相続で取得する財産
・賃貸物件の不動産（二次相続対策で活用）
・納税資金
・その他

2 二次相続対策スキーム

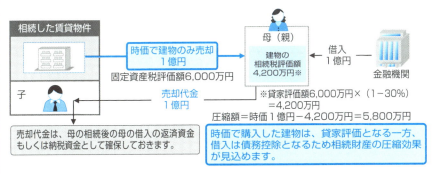

このように子どもが一次相続で賃貸物件を相続すれば、二次相続対策で母（親）がその賃貸物件の建物のみを購入することで、相続財産を圧縮することができます。

母（親）に借入が発生してしまいますが、借入分の資金は子どもにプールされることになります。家族全体で見ると、財産は増えても減ってもいないのに相続税評価額は減少するのです。建物を取得する費用や借入による金利負担は発生しますが、それ以上に相続税が減少すればメリットを享受することができます。

ただし、本スキームは専門の税理士等と相談のうえ、検討するようにしてください。

遺産分割

相続編 39 ｜ 別居親族に対する財産分与

1

奥さまの十七回忌は来週でしたね。北海道に住んでいるお嬢さまも来られるのでしょうか？

息子が連絡して金曜日に来るらしいんだ。孫にも会えるから楽しみでね。
ちょっと聞きたいんだけど、この辺の路線価は、昨年と比べてどうだったか知っているかい。

2

7月1日に発表された路線価では約3％上昇しました。路線価で35万円が36万円に上がりました。基礎控除額も縮小され、さらに土地の価格が上がれば相続税にも影響してきますね。

まあ、うちは自宅と多少の預貯金だけだから相続税の心配はないと思うんだけどね。友達で相続税がかかるようになったと心配していたものだから、なんだか不安になってね。

3

都内でご自宅を所有していると、相続税が発生する可能性が高いといわれています。ご主人さまのお宅は、同居しているご長男の方が自宅を相続した場合、小規模宅地等の特例で330㎡まで80％減額することができますので、負担はそんなに大きくないと思います。それよりも心配なのが、お嬢さまへの財産分与なんです。

自宅は同居している長男が相続すると思うんだよ。そうなったら娘には現金で相続してもらうようになるんじゃないの？

4

はい。そこで問題になるのが、自宅の時価が約1億円だということです。たとえば預貯金が5,000万円だとしてお嬢さまが相続する場合、法定相続分は7,500万円になりますから、ご長男がお嬢さまに2,500万円を支払わなければならなくなります。

そんなことになったら兄弟でもめてしまうよ。そんなことにならないように対策は何かないのかね？

「遺言」を作成されてはいかがですか？　最近では相続での争いが多くなっています。お子さまのために検討すべきだと思います。

着眼点　路線価や基礎控除額の縮小を話題に、相続への関心を引き出しています。さらに相続財産が自宅と預貯金のみの場合の遺産分割のむずかしさを説明し、その解決策として「遺言」の作成を提案しています。

>　ビジネス　　遺・生

　相続による紛争は年々増加傾向にあります。特に相続財産が「自宅」と「預貯金」のみという場合、法定相続分どおりに遺産分割をすることがむずかしく、相続人の間でもめるケースが多いのです。

1 法定相続分どおりに遺産分割する場合（遺言がない場合）

<前提条件>
- ●相続人：子ども2人
- ●自宅の時価：1億円　⇒　同居している長男が相続
- ●預貯金：5,000万円　⇒　長女が相続

相続人	相続する財産
長男：同居	自宅時価：1億円
長女：別居	預貯金：5,000万円

法定相続分は2分の1であるため、1億円（自宅）を相続した長男が長女に対して2,500万円を支払わなければなりません。

代償金 2,500万円

代償金を手当てすることは困難

<留意点>
　代償金が調達できないからといって、自宅を共有にすることは避けるべきです。将来、自宅の買取りを迫られたり、売却して現金化したいなど兄弟で意見が合わず、トラブルの原因になることが想定されます。

2 遺言によるトラブル回避

　「遺言」によって、自宅を長男へ、預貯金を長女へ相続させることで遺産分割はスムーズに行うことができます。遺言の作成で注意しなければならない点は、遺留分を侵害しないように作成することです。上記の前提条件の遺留分は3,750万円になり、長女に相続させる預貯金5,000万円は遺留分の額を上回っているためトラブルを回避することができます。
　このように、分割がむずかしい財産や法定相続分どおりに遺産分割が困難と思われる場合には、「遺言」の作成は欠かせないのです。

遺産分割

相続編 40 　遺言代用信託（受益者連続型信託）の活用

1

ご主人のお兄さん夫婦と温泉に行かれたとお聞きしましたが、いかがでしたか？

にぎやかだったよ。先方は子ども夫婦も一緒だったから大人数でね。私たち夫婦にも子どもがいたら、もっとにぎやかだったと思うよ。甥と姪も大きくなっていたよ。

2

それはよかったですね。ところで、この賃貸事業は最終的にどなたが継ぐことになるのですか？　事業を継ぐ方が決まっているのなら、遺言を書かれていたほうがよいのではありませんか？

遺言なんて大げさだよ。そんなことをしなくても大丈夫だよ。甥が継いでくれると思うよ。今回の旅行でも甥にそれとなく話しておいたから。

3

でも遺言がないと問題が起きる可能性がありますよ。相続が発生した場合、その財産は奥さまとお兄さまで分割することになりますよね。そして奥さまがお亡くなりになったら、その財産は奥さまの妹に相続されることになるので、それでよろしいのでしょうか？

えっ、そうなったらたいへんだ。家内の妹には財産は相続させたくないよ。この賃貸事業は兄夫婦の直系で相続してもらいたいんだ。

4

遺言を書きたくないのでしたら、信託を活用することで、最終的に甥の方に相続させることができ、思いを実現させることができますよ。

信託を活用するのかい？いったいどんな仕組みなんだい、詳しく教えてくれるかい。

着眼点　子どもがいない夫婦の遺産分割において、最終的にだれに相続させる予定なのかをヒアリングすることが大切になります。その場合、「遺言」または「遺言代用信託」を活用して、その思いを実現できるようにアドバイスすることが重要です。

子どもがいない夫婦の相続の場合、兄弟姉妹が相続人になることが多いと思います。賃貸事業を営んでいる方は、先祖代々受け継いできた土地を大切に守り、次の世代へ遺していくことを真剣に考えています。その財産が直系以外の相続人に分散することを避けたいと考えていることが多いのです。

1 家系図から相続財産の流れを把握する

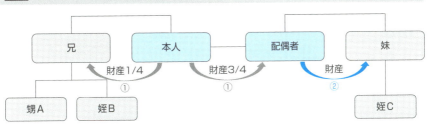

相続（遺言がない）が発生した場合、一次相続においては①のように、配偶者4分の3、兄4分の1のように分割することになります。

しかし、二次相続においては、②のように配偶者が相続した4分の3の財産が、配偶者の妹に相続されることになります。

トーク例にあった甥Aに賃貸事業を引き継ぐという思いはかなわなくなるのです。その解決方法として、遺言以外に信託を活用するスキームがあります。

2 遺言代用信託（受益者連続型信託）スキーム

上記の信託スキームを活用することで、本人が生存中は、本人が家賃収入（②）を得ることになります。本人の死亡後の家賃収入は、信託契約に基づき配偶者が家賃収入を受け取れる（③）ようになり生活に困ることはありません。

そして、配偶者に万一のことがあった際には、信託された残余財産が受託者である甥Aに帰属（④）されるように信託契約をすることで、本人の思いが達成されることになります。

遺産分割

相続編 41 子どものいない夫婦

1

相続のことについて、ご相談があるとのことでしたが、どのようなことでしょうか？

私たち夫婦には子どもがいなくて、相続人が兄弟だけなんだが、その兄弟には相続させたくないんだよ。
何かよい方法はないかね？

2

そうでしたら、「遺言」を作成するのがよいと思います。兄弟には遺留分がありませんのでもめることはありません。ところで、兄弟に遺したくないということであれば、財産はどなたが相続されるのですか？

私の財産と家内の財産のすべてを、ある施設に寄附したいと考えているんだよ。

3

それは素晴らしいお考えですね。「遺言」でその施設に財産を遺すことはできます。でもご主人さま、万一の時は、お墓はどなたが守ってくれるのでしょうか？

お墓？ そんなの考えてもいなかった。甥か姪になるのかなぁ？

4

全額寄附をするのも素晴らしいお考えですが、お墓を守ってくれる甥・姪の方に、それ相応の財産を遺すことも考えたほうがよろしいのではないでしょうか？ そうじゃないとお墓を守ってくれないかもしれませんよ。その場合、遺言のほかに生命保険で遺す方法もあるんです。

そうだね。
お墓を守ってもらうのに財産を遺してあげないといけないよね。
生命保険でもいいんだ。それじゃそれも含めて検討するよ。

着眼点 子どものいない夫婦において兄弟姉妹には相続させたくないという方がいらっしゃいますが、その場合、「お墓をだれが守ってくれるのか」という話題を出してみてください。そうすることで遺すべき人が明らかになる場合があるのです。

> ビジネス　遺・生

　子どもがいない夫婦の場合、「夫婦相互遺言」を活用することで兄弟姉妹に相続させないようにすることが可能です（兄弟姉妹には遺留分なし）。
　夫婦相互遺言とは、それぞれ自分が亡くなったら全額を配偶者に相続させるという遺言を作成することです。そして最終的にはだれに引き継ぐのかを指定することになります。

　兄弟姉妹に相続させたくないという場合は、
① 「お墓をだれが守ってくれるのか」
② 「一人になったら配偶者の面倒をだれがみてくれるのか」
などをヒアリングすることで、財産を遺すべき人が明らかになる場合があります。

＜子どもがいない夫婦の例＞

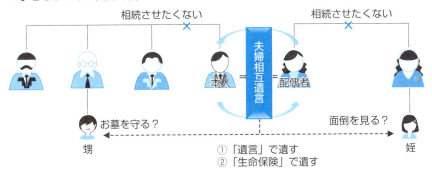

　お墓を守ってくれるのが甥であれば、一部の財産は甥に遺すべきだと思います。その方法は、夫婦相互遺言の最終受取人に指定する方法と生命保険金の受取人に指定して遺す方法が考えられます。
　また、配偶者が一人となり、高齢で体が弱ってきている場合、その面倒をだれが見てくれるのかということは非常に大切な問題です。兄弟姉妹はお互いに高齢になっていますから、兄弟姉妹に世話を頼むのは無理なケースがあります。考えられるのは姪になる可能性があり、その場合、姪にも財産を遺すことを考えたほうがよいかもしれません。
　そして、施設に全額を寄附する場合、不動産などの処分がむずかしい土地や自宅の家財等は引き取ってもらえない場合があります。このようなことを考えると全額を寄附するのはむずかしいことだとわかります。施設等へ寄附する財産と相続人に分ける財産を区別して「遺言」で遺すことを考えるべきではないでしょうか。

遺産分割

相続編 42 相続人が配偶者と兄弟姉妹のみ

1

先日、ご兄弟の方がお集まりになられたそうですね。皆さん元気でいらっしゃるのですか？

おかげさまで、元気にしているよ。一番上の兄は85歳になるんだが、足腰もしっかりしているんだよ。私も負けられないよ。

2

それはよかったですね。ご主人さまもまだまだこれからですよ。そういえば、ご主人さまの相続人は奥さまと兄弟の方になるんですよね。

そうだよ。うちには子どもがいないからね。今回、集まった時に相続の話も出たから頼んでおいたよ。

3

そうですか。でも「遺言」は作成されておいたほうがよろしいのではないですか。将来、相続が発生した時に、皆さんが全員元気でいらっしゃればよいのですが、万一、入院されている方がいらっしゃると相続手続がたいへんになるかもしれません。

それもそうだね。今は元気でも、数年後はどうなっているかわからないよね。

4

それと、もう一つ心配なことがあります。これから数年後、奥さまもお年を召され、一人で相続手続をするのはたいへんではありませんか？遺言を作成して、遺言執行者を定めておけば、相続手続は遺言執行者が行ってくれますので安心ですよ。

そうか。年を取れば相続手続は無理かもしれないね。妻のためにも遺言を書いておくか。アドバイスありがとう。

着眼点 相続人が兄弟姉妹のみという場合、高齢者リスクがあります。数年後、相続人に認知症や入院された方がいる場合や、高齢になった配偶者が相続手続を行うことは困難になることが考えられ、「遺言」を作成しておけばスムーズに相続手続を行うことができます。

相続人が配偶者と兄弟姉妹の場合、高齢者リスクについてはしっかり認識しておきましょう。ご高齢のお客さまにはずっと元気でいてほしいのですが、高齢者の皆さんが5年後、10年後も元気でいるという保証は残念ながらありません。認知症を患っている方がいたり、入院している方がいれば、相続手続をスムーズに行うことはできなくなります。

そして、配偶者の方も年を取り、一人で相続手続をすることは非常に困難であると思われます。

1 高齢者リスク

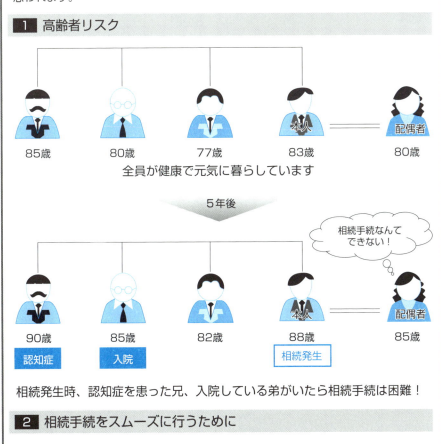

相続発生時、認知症を患った兄、入院している弟がいたら相続手続は困難！

2 相続手続をスムーズに行うために

① 遺言の作成
② 遺言執行者の指定

を行うことで、スムーズに相続手続を行うことができます。

　奥さまに苦労をかけさせないためにも、遺言は必要なのです。

遺産分割

相続編 43　　**養子縁組（世代飛ばし）**

1

お孫さんは、もう中学生になられたんですね。さきほど、門のところでお会いしましたよ。テニスラケットを持っていましたが、部活はテニスですか？　スポーツはいいですよね。

そうなんだよ。日焼けして真っ黒だよ。
スポーツは心も鍛えられて、上下関係もしっかりしているから部活はやるように言っていたんだよ。

2

ご主人さまのご家族は、お子さまが一人、お孫さんが一人ですよね。そうなると、ご主人さまの賃貸事業は、将来、お子さまの次はお孫さんが継ぐことになるんですね。

まだまだ先の話だよ。孫の前に子どもの代があるんだから。これから先も、この財産を守っていってもらいたいもんだよ。

3

最終的にお孫さんが財産を継ぐことになるのであれば、多くの財産を遺すためにもお孫さんと養子縁組をされてはいかがですか？　そうすることで、相続税の基礎控除額が増えることと、お子さまの代を飛ばして財産を引き継ぐことができますから相続税はトータルで安くなる効果があります。いわゆる「世代飛ばし」です。

なるほど。でも孫に財産を相続させるのは早くないかい。財産があるからといってむだ遣いされると困るんだよ。

4

そこはお子さまに管理をしっかりしてもらえれば大丈夫かと思います。将来に多くの財産を遺していくことを考えるのであれば、養子縁組は検討してもよいのではないでしょうか？

相続税の負担だけでもたいへんだから、一度考えてみようかなぁ。子どもにも相談してみないといけないしね。

着眼点　子ども一人、孫一人というところに着目した点です。養子縁組することで基礎控除額が増え、子どもの代を飛ばすことで相続税額が軽減されます。子一人、孫一人ですからトラブルになる心配もないのです。

> ビジネス

　養子縁組を考える場合、他の相続人からクレームがこないことが大切です。子どもが複数人いて孫もそれぞれにいる場合、一方の孫だけと養子縁組した場合、他の相続人からクレームが生じる可能性があります。そして、孫が複数人いる場合はだれと養子縁組をしたらよいのか判断できないケースが多いのです。

　その点、子一人、孫一人の場合は、判断に迷うことはありません。相続財産は最終的に子どもを介して孫が相続することが、原則、決まっているからです。

1　家系図で相続の流れを確認しよう

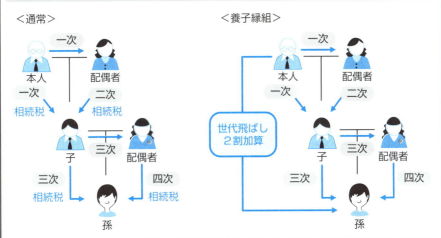

　上記の家系図を見ると、孫まで財産が行き着くまで、何回も相続税を支払わなければなりません。孫と養子縁組を行って、世代を飛ばして孫に相続させたほうが有利だということがおわかりいただけると思います。ただし、孫の相続税額については2割加算の対象となります。

2　基礎控除額の計算の際に法定相続人の数に含まれる養子の数

実子がいる場合　　：　養子縁組1人まで
実子がいない場合　：　養子縁組2人まで

3　「遺言」による遺産分割

　養子縁組がむずかしい場合、遺言によって孫に財産を遺贈することができます。遺言の場合には孫を基礎控除額の算出における法定相続人の数に含めることはできませんが、養子縁組と同様に相続税の軽減が期待できます。

その他

相続編 44 | **相続税の延納先**

1

これだけの不動産を所有されていると、お父さまが亡くなられた4年前の相続税はかなり高かったのではないですか？ やはり物納をされたのでしょうか？

かなりの相続税がかかったよ。物納を申請したんだが、家賃収入がけっこうあったから税務署から物納が認められず延納になってしまったんだよ。

2

最近は物納がむずかしくなったという話を聞きます。物納がだめなら売却は考えなかったのでしょうか？
家賃収入から納付をするのもたいへんな負担ですよね。

分割で支払うのはけっこうたいへんだよね。何のために賃貸業をしているのかわからなくなるよ。不動産を売却して一括で納めようかとも考えたんだが、譲渡税もかかるし、踏み切れないでいるんだよ。

3

えっ、譲渡税の問題だったのですか？ 相続が発生してから3年10カ月以内の売却なら取得費加算の特例で、譲渡税を大幅に軽減できたはずですが、どなたからもアドバイスはなかったのですか？

そういう制度があったんだね。まったく知らなかったよ。それを知っていれば不動産を売却して一括で納税できて、気が楽になったよ。もう使えないんだよね…。

4

取得費加算は使えないですが、建物のみを資産管理会社へ譲渡する方法があります。建物の場合、譲渡税の心配はそれほどでもないと思います。その売却資金で延納分を一括で納税できれば楽になりますよね。この方法で検討してみませんか？

なるほど。建物だけを資産管理会社に譲渡して資金を捻出するわけだね。それが可能かどうか、譲渡税の負担も知りたいし税理士と相談してみるよ。

着眼点 過去の相続において相続税の負担感や納税方法または苦労話などをヒアリングすることで、会話はどんどん発展していきます。物納が延納になり、その延納で苦しんでいると聞けば、延納の解消手段を提案することでお客さまからの信頼は厚いものになります。

過去に起きた相続で苦労した話や、相続税をどのように納めたのかヒアリングするようにしてください。「相続税を何で納めたのですか？」や「苦労されたのはどのようなことですか？」など質問形式で尋ねるのは逆効果になることがあります。
　トーク例として、
「先日お伺いしたお客さまが物納で大切な不動産を手放す羽目になった。残ったのは古いアパートだけだと話していました。3年前の相続ではお客さまのお宅も物納だったのでしょうか？」という具合に例を出しながら尋ねてみると、お客さまも答えやすくなりますので試してみてください。

1　延納の問題点

　金銭納付が困難である時、物納を考えるケースが多いのですが、不動産収入があり分納ができるという判断をされると、「物納」が認められず「延納」ということになります。延納の利子税や分納回数は不動産割合等によって変わってきますが、延納は下記のような問題点があり、負担は大きいものと思われます。
① 利子税が高い（1.2～6％程度）。
② 分納回数が比較的短く納税の負担感が大きい。
③ 延納利子は不動産賃貸業の経費に算入できない。
④ 収入の大半が納税に回り、キャッシュフローが悪化する。
⑤ 担保を提供しなければならない。
⑥ 延納が重荷になって自分の相続の準備がおろそかになってしまう。

2　延納利子の経費化

　賃貸物件の建物のみを資産管理会社に譲渡し、その譲渡代金で延納分を一括で納付します。<u>延納の利子は経費として算入できませんが、資産管理会社の借入の利子は経費に算入することができます。</u>

その他

相続編 45　返還保証金は大丈夫？

1

ご主人さま、駅前に大きなオフィスビルを所有されているんですね。あのビル1棟を○○会社に貸しているのですか？

そうだよ。階ごとに貸し出そうとしていたんだが、○○会社が一括で借りたいといってきたから貸すことにしたんだよ。

2

そうでしたか。ところで、○○会社から保証金は預かっていないのですか？　当行の預金には保証金らしきものはお預かりしていませんが？

あのビルの保証金は2億円だったんだが、その保証金で3丁目の賃貸マンションを建築してしまったんだよ。

3

だから3丁目の賃貸マンションには借入れがなかったんですね。でも○○会社が、他のビルに移転するようなことになれば、保証金は返還しなければならないんですよね。その時はどうするお考えなのですか？

実は、そのことで悩んでいるんだよ。どうも移転先を探しているらしいとの情報があるんだ。いま移転されたら返還保証金を手当てできないよ。

4

それはたいへんなことになりますね。ご主人さまは、賃貸物件を数棟所有されて所得税率も高いですから、資産管理会社を設立して、賃貸物件の建物を資産管理会社に譲渡して、返還保証金の資金を確保されたらいかがでしょうか？

なるほど。そういう手があったのか。所得税も高かったから、所得分散という意味でも効果は大きいね。さっそく、その手続を検討しようじゃないか。これで返還保証金の悩みも解消しそうだよ。

着眼点　オフィスを貸し出す際、保証金を預かるケースがあります。その保証金のなかには、将来、返還しなければならない保証金がありますが、手元に残っていないケースがあるのです。オフィスビルの所有者には返還保証金の有無を確認しましょう。

オフィスを貸し出す際、相場としては年間賃料の6～12カ月の保証金を預かりますので、地権者にはその保証金があるはずなのです。
しかし、その保証金が他の賃貸物件の建築費に充当されているなど、手元に残っていないケースがあります。オフィスビルを所有している地権者の保証金の存在を把握するようにしましょう。保証金は無担保、無利息の借入と同じようなものですから、賃借人が退去する時には返還しなければなりません（一部償却するものもあります）。
そのため、保証金が手元に残っていない場合は、その資金を調達する方法を考えなくてはならないのです。

■ 保証金の確保

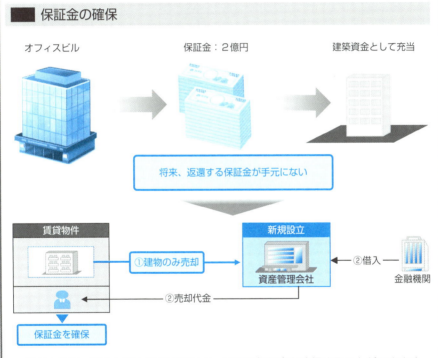

このように、法人と個人間の売買によって返還保証金を確保することができます。また、所得税率が高い地権者の場合、法人と個人間の売買により所得分散を図れるというメリットもあります。

その他

相続編 46 — 相続税評価額が時価より高い

1

お父さまがお亡くなりになられて、もう半年ですか、時が経つのは早いですね。相続の手続はいかがですか？ お役に立てることがあればなんでもおっしゃってください。

相続の手続であっという間の半年だよ。申告期限まであと4カ月しかないんだよ。まだまだ手続がたいへんそうだ。

2

そろそろ税理士から相続税の計算結果が出てきたところではないですか？

3日前に相続税が計算できたよ。それが、想像していた以上に相続税が高くてビックリしているんだよ。別荘の評価が4,000万円以上なんだ。あの辺の別荘地は500万円ぐらいだと思うんだけど、税理士は財産評価基本通達による評価だと言うんだよ。

3

○○高原の別荘地でしたね。その別荘地の近隣で売りに出ている別荘はないでしょうか？ その売却金額と比較することで、別荘の評価額を引き下げられるかもしれませんよ。

そんなことができるのかい？ 税理士は財産評価基本通達によって評価しているから間違いないと言っていたよ。

4

たしかに財産評価基本通達等で評価方法は決められていますが、不動産鑑定評価を基に評価する場合もあるんです。時価より相続税評価額のほうが高く、価格差が大きい場合には、実勢価額で評価することを税務署と交渉してみてもよいと思いますよ。

なるほど。近隣の売買事例などを参考にするといいんだね。最近は500万円ぐらいが多いと思うんだよ。それが認められれば相続税も助かるよ。

着眼点 通常、相続税評価額は時価の8割程度といわれていますが、なかには時価をはるかに超える相続税評価額となる土地があります。そのような場合は、不動産鑑定評価を取得したり、売買事例などを参考に税務署と交渉することで評価が下がる可能性があります。

相続財産の評価方法は、国税庁の財産評価基本通達等により算定方法が定められています。ほとんどのケースは、その財産評価基本通達等に従って評価を行い相続税を算出しますが、その不動産の評価額が時価をはるかに超える相続税評価額になった場合、その相続税評価額が妥当なのか検証してみることをお勧めします。

その検証する手段として、「不動産鑑定評価」や「売買事例」などを参考に比較してみてください。明らかに相続税評価額が高すぎると判断される時には、税務署と価格交渉をしてみる価値はあるのです。

■ ○○高原の別荘地の事例

＜税理士が算出した相続税評価額＞
地目：山林、 面積：2,300㎡
固定資産税評価額：1,358,620円、 倍率：31倍
相続税評価額：42,117,220円・・・①（固定資産税評価額×31倍）

＜近隣の売買事例＞
500万円前後が中心

（吹き出し：相続税評価額が高すぎる どうして？）

このように、時価（売買事例）より相続税評価額が明らかに高い時には、どのように相続税評価額が算出されたのか調べてみてください。

本来、時価より相続税評価額は安いのが一般的ですから、その逆の場合は不自然なのです。こういう場合は、別の税理士または税務署と相談するようにするとよいでしょう。

実際に税務署に伺った結果、「あの別荘地は宅地として1.2倍で評価してください」と言われたそうです。もし、42,117,220円で申告してくださいと言われたら、その時の対策として申告期限までに売却することを検討しましょう。売却金額を時価として申告できるため節税につながるのです。

＜実際に申告した相続税評価額＞
相続税評価額：1,630,344円・・・②（固定資産税評価額×1.2倍）
⇒現況を優先し宅地の倍率1.2倍で評価
（登記簿上の地目が山林でも現況が宅地であれば宅地の倍率を採用）

価格差（②－①）：40,486,876円

相続税率が50％だとしたら、相続税が約2,000万円も違ってきます。

その他

相続編 47 　名義預金の整理（生命保険の活用）

1

最近の税務調査では、名義預金による指摘が多くなっているみたいですね。インターネットで調べてみると7割以上が指摘を受けているという話もあるようです。ご主人さまのお宅では大丈夫ですか？

税務調査でそんなに指摘されているのかい。実は…。娘の預金は、私のお金だから名義預金になるのかもしれないね。

2

単純にご主人さまのお金で預金されたのであれば要注意ですね。名義預金となると相続財産として相続税を計算することになります。お嬢さまの名義で預金されたのは、どのような理由からなのでしょうか？

娘はサラリーマンと結婚したから、将来の生活が心配で娘に遺してあげたいと思ってね。名義預金として相続財産になったら、そのお金も遺産分割の対象になってしまうよね。

3

そうですね。遺産分割の対象になるとご主人さまの思いはお嬢さまに届かなくなる可能性があります。
思いを実現させるために、遺言を作成するか、お嬢さまの預金を生命保険という形に置き換えたらいかがでしょうか。

遺言は面倒だからそこまでは考えていないよ。生命保険でも私の思いを伝えることができるのかい？

4

はい。生命保険の受取人をお嬢さまに指定すれば、間違いなくお嬢さまに遺すことができます。保険金は受取人固有の財産になりますから安心ですよ。

なるほど。預金を生命保険に切り替えるわけだね。それなら検討してもよさそうだね。

着眼点 名義預金だと判断された場合、その預金も相続財産として申告しなければならず、また遺産分割の対象となってしまいます。娘に遺してあげたいとの思いを実現させるために、遺言または生命保険を活用することを提案します。

1 名義預金は相続財産

　子どもの名義になっていても、税務調査によって名義預金と判断された場合は、相続財産として相続税を再計算して修正申告をしなければなりません。そして、その名義預金は相続財産として遺産分割の対象となるため、相続人の間で遺産分割協議を再度行うことになります。その結果、長女の名義だった預金が、長女以外の相続人へ分割される可能性があり、相続人の間で争いに発展することも考えられます。

　そこで、確実に遺してあげたい長女に遺すために生命保険を活用するのです。

2 生命保険の活用

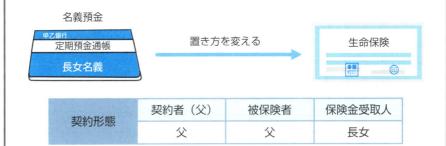

契約形態	契約者（父）	被保険者	保険金受取人
	父	父	長女

　長女の預金は、もともと父のお金であることから、その預金で契約者：父、被保険者：父、保険金受取人：長女とする生命保険を契約します。

　生命保険金は受取人固有の財産となるため確実に長女に遺すことが可能となります。また、生命保険金は遺留分を計算する財産額には含まれませんが、特別受益として申し立てをされないように他の相続人への財産分与も考える必要があります。

3 遺言の活用

　名義預金を、本来の名義に戻し、そのうえで遺言を作成することで確実に思いを実現させることができます。ただし、遺留分を侵害することがないように財産分与を検討することが大切です。

4 贈与により確実に遺す

① 贈与契約書を作成して贈与を行う。
② 110万円を超える場合には贈与税の申告を行う。
③ 通帳や印鑑は名義人本人が管理・保管する。

その他

相続編 48 生命保険金の非課税枠の活用

1

相続税の試算結果を拝見いたしました。一次相続税が6,600万円、二次相続税が4,900万円でしたね。合計で1億1,500万円ですが、現預金で納税をお考えですか？

そうだよ。相続税、高くなったね。税制改正で基礎控除が縮小されたから増税になったよ。でも、なんとか現金で納税できるから、不動産は子どもに遺すことができるよ。

2

納税財源が確保されていれば安心ですね。ところで、ご主人さまや奥さまは生命保険に加入されていますか？

若い時は入っていたけど、いまは入っていないよ。この年じゃ、生命保険なんて入れないからね。

3

一時払終身保険なら入れますよ。生命保険は、法定相続人1人当たり500万円まで非課税となるメリットがあります。金融資産から相続税の納税をお考えであれば、預ける形を変えるだけで非課税枠を活用しながら相続税の支払に活用することができます。

なるほど。相続税分は使えないお金だからね。それを生命保険にすれば、相続税を軽減できるメリットがあるわけだね。

4

はい、そうなんです。一次・二次相続の契約者はともにご主人さまになるのですが、被保険者を一次相続税分はご主人さまに、二次相続税分は奥さまにする契約内容になります。そうすることで、一次・二次ともに生命保険金の非課税枠を最大限に活用することができます。

預金に置いておくよりよいかもしれないね。どのような生命保険があるんだい？

着眼点 金融資産で相続税の納税を考えているお客さまには、生命保険の加入状況を確認してみましょう。保険の契約がなければ、預金から生命保険へお金の置き方を変えるだけで非課税枠が活用できるようになり相続税の軽減につながります。

「一時払終身保険」は相続対策として最適な商品だといえます。保険金は納税資金として活用できる一方で、生命保険金の非課税枠の金額を相続財産から切り離すことができるのです。預金に置いておけば100％相続財産として課税されるわけですから非課税枠は有効的に活用しましょう。ただし、税制改正リスクがありますので注意してください。

1 生命保険金の非課税枠

生命保険金の非課税枠 ＝ 500万円 × 法定相続人の数

2 生命保険の契約形態

一次相続の契約形態

契約者（保険料負担者）	被保険者	保険金受取人	税金
本人	本人	子	相続税

二次相続の契約形態

当初契約時

契約者（保険料負担者）	被保険者	保険金受取人	税金
本人	配偶者	本人	所得税（一時所得）

死亡時　本人が死亡した時点で、契約者変更を行い配偶者が契約者となる契約形態とする

配偶者	配偶者	子	相続税

3 生命保険には流動性を確保する利点もある

相続が発生した場合、被相続人の預金は、遺産分割協議が調うまで引き出すことは原則できません。

そこで葬儀代など、相続発生時に必要となる資金を生命保険で確保しておくという考え方があります。一時払終身保険の場合は、保険会社に請求すれば１週間程度で保険金が振り込まれますので各種支払に活用することができます。

また、金融機関によっては生命保険以外にも、相続が発生した場合にすぐに引出しが可能なサービスを提供しているところもあります。

その他

相続編 49 税理士にも専門分野がある

1

先日、当方からご提案させていただいた対策について、顧問税理士の先生はどのような反応でしたか？

あの提案を顧問税理士に聞いてみたんだが、そんなことしなくてもいいと言っていたよ。税理士がそう言うのだから、残念だけど今のままでいいよ。

2

そうですか。ご主人さまの対策にはいいと思っていたので、税理士の先生も同意してくれると思っていました。ところで、顧問税理士の先生からは、これまで相続の対策について何かアドバイスなどはあったんですか？

いや、今までは何もアドバイスを受けたことはないよ。顧問税理士は確定申告の時に申告手続をしてもらっているだけだからね。

3

なるほど。申告手続を頼んでいるんですね。税理士の先生にも専門分野がありますから、相続の対策を検討する場合、相続に精通している税理士の先生に相談されることをお勧めします。銀行員にも融資、運用、海外業務、M＆Aなど専門分野が分かれているように、税理士の先生にも専門分野があるんです。

それもそうかもしれないね。畑違いの先生に聞いても、的確なアドバイスは無理だよね。

4

そうなんですよ。ご主人さまは、多くの資産を保有されていますから、しっかり対策を考えて実行しないと、多くの資産を次世代に遺すことがむずかしくなります。当方から、相続に強い税理士の先生をご紹介させていただくことができますが、いかがですか？

財産を減らすことになったらご先祖さまに申し訳ないからな。それじゃ、相続に強い先生を紹介してくれるかい。

着眼点　地権者やオーナーには顧問税理士がいます。顧問税理士の専門分野を把握しておくことで、断られたときの切り返しができるようになります。相続や承継の対策には、その分野に精通した税理士等に相談することが大切なのです。

ビジネス

　税理士の先生であれば、所得税の申告もでき、法人税も相続税もできるものだと多くの人は思っているはずです。そして銀行員はお金のプロと思われているため、だれもが確定申告書や決算書が読めて、融資や運用の相談に乗ってもらえると思っているはずです。しかし、実態は違うのです。税理士も銀行員も、業務内容が広すぎて1人ですべての分野を習得することは困難なのです。特に税法は税務当局の通達によって突然変更されることがあるため、つねに情報収集を行い、その都度、新しい知識を身に付けなければならないのです。

　銀行員にも融資、運用、海外業務などの専門分野があるように、税理士にも専門分野があるのです。相談するときは、その専門分野に精通している人に相談することが望ましいといえます。

　お客さまに各種対策について提案（情報提供）を行った際、お客さまから「顧問税理士に聞いてみるよ」と言われ、結果、提案内容が断られたことがある方は多いのではないかと思います。その場合、話法例にあるように顧問税理士の専門分野を把握することで切り返すことができるのです。

■ 税理士の専門分野の例

その他

相続編 50 相続税の申告が終わった地権者

1

相続の申告は無事に終わりましたか？
相続税の納税もたいへんだったのではないですか？

おかげさまでなんとか期限までに申告できたよ。本当に10カ月ってあっという間だね。想像していた以上に税金が高かったよ。

2

不動産をかなり所有されていましたから相続税は高いのかなと想像はしていましたが、その不動産の評価方法はちゃんと各種の評価減をされていましたか？

顧問税理士に申告の手続を任せていたので、不動産の評価もちゃんとしているんじゃないの？
詳しく見ていないけど大丈夫だと思うよ。

3

相続税の申告書を見れば、適正に評価されているかわかりますよ。あるお客さまでは、不動産の評価が適正に行われておらず、各種補正をした後、更正の請求を行い相続税が還付された例があります。一度確認されてはいかがでしょうか？

そうなのかい。いまさら税理士に聞くわけにもいかないよ。忙しいなかで申告をしてくれたんだからね。
君は申告書を見ればわかるのかい？ ちょっと見てくれるかい。

4

はい。不動産のなかの間口が狭い土地や奥行きが長い土地の補正がされていないように思います。単純に路線価と面積で評価額を算出しています。他の土地もそうなのではないでしょうか？ 特に500㎡または1,000㎡以上の宅地の評価によっては相続税が大きく変わってきます。もう一度不動産の評価を算出されてはいかがですか？

補正がされていないの？ でも顧問税理士には言えないよ。一生懸命してくれたんだから。他の税理士に頼みたいんだが紹介してくれるかい。

着眼点 所有している不動産には、間口が狭い土地や奥行きが長い土地、不整形な土地、地積規模の大きな宅地など補正が必要な土地があります。しかし、申告時においてこの補正をしっかり行わず申告しているお客さまがいることもあるのです。

> ビジネス

不動産の評価方法は、財産評価基本通達等により定められています。
　たとえば、アパート等の敷地の評価は貸家建付地評価、建物は貸家評価として評価減が受けられます。それ以外にも地積規模の大きな宅地や間口が狭い土地、奥行きが長い土地等の場合には、さらに補正により評価額が下がります。

1 地積規模の大きな宅地の例

※地積規模の大きな宅地として認められるためには各種要件があります。

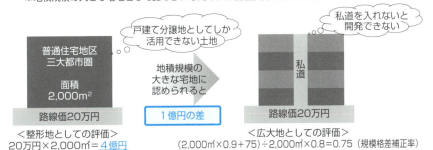

＜整形地としての評価＞
20万円×2,000㎡＝<u>4億円</u>

＜広大地としての評価＞
(2,000㎡×0.9+75)÷2,000㎡×0.8=0.75（規模格差補正率）
20万円×0.75×2,000㎡＝<u>3億円</u>

<u>相続申告後、各種補正が正しく行われていないことが判明した場合は「更正の請求」（5年以内）により還付を受けることができます。</u>

2 各種補正率の目安（一部抜粋）

補正の内容	補正率	補正の内容	補正率
奥行き	80%～100%	不整形地	60%～100%
間口狭小	85%～100%	私道	0%～30%
セットバック部分	70%	無道路地	60%～100%

3 不動産鑑定評価を取得すると評価減の可能性がある土地

・日照条件の悪い住宅地　　・埋蔵文化財包蔵地
・土壌汚染が認められる土地　・高低差が著しい宅地
・高圧線下の土地　　　　　・近隣に墓地やゴミ焼却場等がある土地
・騒音・振動（鉄道、高速道路、航空機、工場等の影響）
・条例等による規制（風致地区、緑地保全地域等）
・その他、なんらかの影響で利用価値が低いと認められる土地

贈与の活用

相続編 プラスα1　不動産小口化商品による相続財産の圧縮

1

ご主人さまのお宅では更地を多く保有していらっしゃいますが、有効活用などお考えではないですか？

固定資産税の負担が重いので、有効活用をしたいと考えているのだが、駅からも遠いし収益性が望めそうにないんだよ。いい土地に買換えしないといけないかも知れないね。

2

都心など立地のよい場所に買換え出来ればいいのですが、それでは多額の資金が必要になりお客さまの負担が重くなりますよね。
例えば、不動産小口化商品で賃貸経営を検討する方法もありますが、いかがですか？

そうだね。多額の借入はしたくないね。ところで、その不動産小口化商品っていうのはどういうものなの？

3

はい。実物不動産の小口化された共有持分を購入します。そして事業者と任意組合契約を結び、共有持分を現物出資することで、家賃収入（不動産所得）を得ることができます。さらに、貸家建付地、小規模宅地などの評価減が使え、減価償却費等は経費に算入することもできるんです。

都心のマンション1棟なんて、高くて買えないけど、小口化されたものなら、大きな負担感もなく投資できるということなんだね。

4

そうなんです。金融資産で保有しているより、各種評価減が受けられますので相続財産の圧縮に繋がります。そして小口化されておりますので、分割や贈与がしやすいというメリットもあります。ただ、共通持分登記と現物出資の登記費用が必要になります。

費用が掛かることは仕方ないけど、遺産分割や、贈与が手軽にできるという点はいいね。詳しく話を聞かせてくれないか。

着眼点　都心等に収益物件を購入する場合、多額の資金が必要になりますが、不動産小口化商品を活用することで、不動産に投資した場合と同様の効果を得ることができます。貸家建付地などの評価減を受けることができるため、相続財産の圧縮に繋がります。

1 不動産小口化商品のメリット（任意組合型）

① 貸家評価、貸家建付地、小規模宅地等の特例などの評価減を適用できるため相続財産の圧縮効果を享受できる。
② 相続が発生した場合、口数毎に分割できるため、遺産分割がしやすい。
③ 生前贈与する場合、相続税評価額での贈与となるため、時価より安い金額で贈与が可能なため、多くの財産を贈与することが可能。
④ 都心の一等地であっても、小口化されているため投資がしやすい。
⑤ 投資している不動産収入の分配金は不動産所得として受け取れ、減価償却費等は経費として算入することができる。

2 留意点

① 投資商品が少ない。
② 事業者の倒産リスクがある。
③ 流動性が低い。
④ 投資利回りが低い。

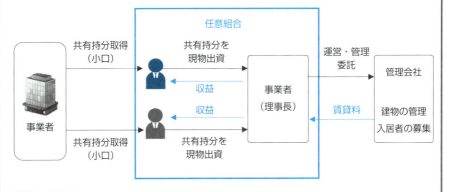

[投資の流れ]
① 投資家と事業者で不動産特定共同事業契約を締結する
② 投資家は不動産の共有持分を取得する（登記を行う）
③ 投資家共有持分を任意組合に現物出資する
④ 事業者は、任意組合の代表（理事長）として不動産の管理・運営を行う
⑤ 事業者は、運用で得た収益を投資家へ分配する（不動産所得）
⑥ 一定期間後に売却し、事業者は売却益を投資家へ分配する

居住権の活用

相続編 プラスα2 　配偶者の居住権と老後の資金確保

1

平成30年7月に40年ぶりに民法が改正されましたが、その内容についてご存知ですか？

テレビで改正されたと言ってたけど、内容についてはよく分からないんだよ。うちには関係ない話だろ。

2

そんなことはありません。特に奥さまにとっては重要な内容の改正なんです。配偶者居住権というのが新設されて、奥さまの住まいや老後の資金を確保しやすくした内容になっているんです。

そうなんだ。うちには自宅とわずかな金融資産しかないから財産の分けようがないと思うんだけど。

3

はい、そこがポイントなんです。私のお客さまに、法定相続分どおりに分けるからと、自宅まで売却されて奥さまが住むところに困ったケースや奥さまが自宅を相続されたことで金融資産の相続がほとんどなく、生活資金に困っている方がいらっしゃるんです。

なるほど。そういうことか。家内には面倒をかけているから、老後は安心して暮らしてほしいと思っているけど、どうすればいいんだ？

4

はい。奥さまに居住権を相続させることで、金融資産で相続できる部分が多くなりますから、老後の生活も心配なく過ごせるようになるはずです。遺言に書き留めておくことでご安心できるかと思います。奥様もきっと感謝してくれると思いますよ。

そうだね。子どもたちは働いて収入もあるし、年金だけじゃ不安だから、金融資産を多く遺してあげたいね。教えてくれてありがとう。遺言については考えてみるよ。

着眼点 相続が発生すると相続人間で遺産分割について協議することになりますが、奥様の老後の生活を安心して過ごしていただくためにも、住まいそして生活資金の確保が大切です。それを確実にするために遺言の活用をお勧めしましょう。

> ビジネス　融

　平成30年7月、40年ぶりに民法が改正されました。残された配偶者の生活を安定させるため、配偶者が自宅に住み続けられる「配偶者居住権」が新設されました。これまでは法定相続分どおりに相続する場合に、自宅を売却して金融資産で分割するなど配偶者の住居が確保されないケースがありました。また、法定相続分どおりに相続すると、自宅部分の評価額が高いため金融資産の相続が少なくなり、老後の生活に支障ができることが懸念されておりました。今回の改正で、配偶者が住まいを確保するため居住権を相続すると、配偶者居住権は、売買できない制約があり評価額は所有権より低くなり、その分金融資産の相続分が増え老後の生活資金を確保しやすくなります（平成32年（2020年）7月までに施行予定）。

■ 配偶者の居住権相続のイメージ

被相続人の財産

自宅
2000万円

金融資産
4000万円

これまでの相続（法定相続分どおり）

配偶者

自宅
2000万円

金融資産
1000万円

子

金融資産
3000万円

平成30年7月の民法改正

配偶者

居住権
1000万円（仮定）

金融資産
2000万円

子

所有権
1000万円（仮定）

金融資産
2000万円

　配偶者が居住権を相続すると金融資産での相続分が増え、老後の生活を確保できるのです。

信託の活用

相続編 プラスα3 — 家族信託で子が相続対策を行う

1

周辺に収益物件や駐車場など数多く保有されていらっしゃいますが、何年前から賃貸事業を行っているのでしょうか？

賃貸事業は私で2代目なんだよ。かれこれ40年以上になるけど、私が引き継いでからは25年くらいになるよ。

2

ご主人さまの代になってから25年経つんですね。これほど不動産を多く保有されていると相続税もかなり高くなると思うのですが、引き継がれた時にも、相続税を収めるのに苦労されたのではないですか？

そうなんだよ。引き継いだ時には更地の土地が多かったのと、相続税の税率が今より高かったから大変だったよ。

3

そうですよね。このままでは、また高額な相続税を納めなければならなくなるのではないですか？
早いうちに対策を検討されてはいかがでしょうか？

相続税は気にはしているけど、もう年だからね。このままでいいと思っているんだよ。管理も今では長男に任せているしね。

4

不動産の管理をご長男さまがされているのですね。そうでしたら不動産などを信託契約でご長男さまに委託することで、ご長男さまが対策できるようにする方法がありますが、ご興味はございませんか？私のお客さまで信託契約によってご子息の方が相続対策を行っている方がいらっしゃいますよ。

信託でそんなことができるの？長男も同席させるので、その信託契約についてもっと詳しく説明してくれないか。前向きに検討してみるよ。

着眼点　親に代わって子が賃貸事業を管理しているケースは、信託契約によって子が相続対策を行うことができるように提案することができます。万が一、本人が認知症になると相続対策ができなくなる可能性が高まります。そんな場合に有効的な手段なのです。

平均寿命が延びており高齢化がますます進むと思われる現在、高齢者のなかには将来の認知症リスクについて不安を抱えている方が増えています。成年後見人を指定しますと、成年後見人は被後見人の財産を維持することが重要な役割となるため、相続人が相続対策をしたくても出来なくなることが考えられます。相続税の負担が重い場合などは、事前に相続人との間で信託契約することで相続人が本人に代わって対策を実行することができます。

■ 信託スキーム

受益者
委託者
本　人
配偶者
承継者
子
子
受託者
信託契約
財産を信託
収益
相続対策を実行

① 信託契約を締結し、財産を相続人である子に委託します。
② 委託者の子は、信託された財産で、本人に代わって相続対策等を行うことが出来るようになります。
③ 信託された財産からの収益は、委託者である本人に帰属します。
④ 委託者に万が一のことが起きた場合には、信託契約が終了する契約内容にすることで、信託財産は受託者である子が相続することになります。
⑤ 信託契約を締結する際には、他の相続人への財産分与も併せて検討し、遺産分割協議がスムーズに進むようにすることが大切です。

【留意点】
信託契約により委託者となった子が多くの財産を相続する可能性があり、特別受益として、それ以外の子との間で争いになる可能性があります。遺産分割と併せて信託の内容を検討することが重要です。

事業承継編

後継者

事業承継編 1 　　**後継者（親族）の有無を把握する**

1

設立されて30年になるのですね。
社長一代でここまで大きくされ、ご苦労もたくさんあったのではないですか？

もう30年も経つんだなあ。設立した当時のことを思い出すよ。数人で始めた会社なんだが、なかなか売上が上がらなくて苦労したよ。

2

最初は数人で始められたのですね。その時の従業員の方は、まだ会社におられるのですか？

会社の発展のために一緒に頑張ってくれているよ。そのおかげで今では従業員も100人を超え、会社も順調に伸びているんだよ。本当に感謝しているよ。

3

まだ先のことかもしれませんが、その従業員の方のためにも、会社をだれに承継するのか重要な問題ですね。

そうなんだよ。従業員は家族みたいなものだから、従業員のためにも事業承継という問題は大切なんだよ。幸い長男が事業を引き継いでくれることになっているんだよ。

4

ご長男が後継者になられるのですね。それはよかったですね。そうなりますと株式の移転についてスケジュールや対策等を検討しないといけないですね。

そうだね。そろそろ事業承継のことを考えないといけないのだが、仕事が忙しくて考えている暇がないんだよ。

御社にふさわしい事業承継の進め方を、当方から提案させていただけないでしょうか？

着眼点　創業して何年かを把握して、創業時の苦労話から、会社を支えてくれた従業員の話に展開しています。社長は従業員を家族同然に思っており、従業員のためにも事業承継は大切なのです。そのために後継者の有無を確認しましょう。

> ビジネス

　事業承継は中小企業にとって最重要課題の一つとなっています。
　事業承継時の先代経営者の年齢は、「60歳代」が41.2%※で最も比率が高くなっており、後継者問題を抱えている企業の割合は約6割と推定されます。経営者の年齢が65歳以上であれば、会社の発展した歴史や社長の苦労話、従業員等の話題から後継者の有無を確認するようにしましょう。

※ 中小企業基盤整備機構「事業承継実態調査報告書（平成23年3月）」

1 後継者を把握する話法

① 「ご家族の方は御社で働いていらっしゃるのですか？」
② 「ご長男の方は、○○会社にお勤めと聞いておりますが、それは教育を兼ねて他社で働いていらっしゃるのですか？」

など、後継者の有無を確認する話法があります。

2 後継者が決まっていれば株式移転が行われる

　後継者がいれば、将来、株式の移転が行われます。そこに金融機関のビジネスが存在するのです。

[後継者がいる] → [ビジネス：株価対策] → [ビジネス：株式移転]

3 後継者への株式移転のタイミング

① 後継者に経営者としての能力が備わった時
② 創業○○周年等の節目
③ 社長の年齢の節目（65歳、70歳等）
④ 社長の知り合いである社長に相続が発生した時
⑤ 健康診断で何らかの指摘をされた時

などが考えられます。

　会社を将来もずっと発展させていくために、事業承継は重要な課題なのです。社長の年齢が60代以上であれば、事業承継に関する話題を出し、社長のお考えを把握するようにしてください。
　事業承継は短期間でできるものではなく、後継者への教育や株式を移転させるための対策など時間を必要とします。そのために事業承継を円滑に行うためのスケジュールを立てて計画的に進めて行く必要があるのです。

後継者

事業承継編 2 　　後継者（親族）がいない場合（M&A）

1

社長、ご長男はIT企業にお勤めだとお聞きしておりますが、ご長男は会社を継がれないのでしょうか？

長男に何度も聞いてみたんだが、今のIT企業の仕事がおもしろいらしく、自分には製造業は向かないし、経営のことはわからないと言って継ぐ意思はないみたいなんだよ。

2

そうですか。それは残念ですね。ご家族に後継者がいなければ、役員や従業員による承継か、またはM&Aということになりますが、この点についてはどのようにお考えなのですか？

役員や従業員の中に経営ができそうな人材は見当たらないね。従業員の雇用を考えるとM&Aしかないと密かに考えているんだが、買い手を探すのもたいへんだよ。

3

社長が一代でここまで大きくされた会社なのに本当に残念でなりません。社長、将来的にM&Aをお考えなら、不動産の権利関係や法人と個人間の貸借関係などを事前に整理する必要があります。M&Aの観点から対策を検討してみてはいかがでしょうか？

そうなんだ。M&Aをするにも、事前に整理しておかなければならないことがあるんだね。なんかたいへんそうだね。

4

何から手をつければよいかを整理したうえで、税理士と相談しながら進めていきましょう。顧問税理士の先生は事業承継やM&Aに詳しい先生ですか？　詳しくなければセカンドオピニオンとして専門の先生を紹介させていただきます。

顧問の先生は、詳しくなさそうなんだ。紹介してもらうと助かるよ。
よろしく頼む。

着眼点　子どもの勤務先を話題にしながら後継者の有無を確認しています。なかには経営者にするための修業で外部の会社で働くというケースもあります。後継者の有無を確認することで、従業員・役員への承継（MBO）またはM&Aへつながる可能性があるのです。

経営者(社長)の年齢が60代以上であれば事業承継のことを考えている可能性があります。そこで、家族(配偶者以外)が社内で働いているかをヒアリングすることによって、後継者の有無を把握するようにしてください。

　また、子どもだから事業を承継できるとは限りません。社長は会社の発展とともに従業員を家族同様に思っており、従業員の将来の生活を守っていく責任を感じています。後継者にするには経営能力が備わっている人物でないと、従業員や取引先からの信頼が得られず、将来の発展が期待できなくなる可能性があるため、後継者の選定は慎重に考えているはずです。

■ 事業承継のパターン

(1) 親族による承継

　＜メリット＞
　　①従業員や取引先等の関係者から受け入れられやすい。
　　②オーナーの経営理念や経営ノウハウを早い段階から伝授できる。

(2) 役員・従業員への承継

　＜メリット＞
　　①経営の一貫性、一体性が維持されやすい。
　　②経営理念や事業の進め方を理解している。
　＜デメリット＞
　　①個人の債務保証が重荷。
　　②外部からの場合、従業員や取引先等とうまく関係が築けない場合がある。

(3) M&A

　＜メリット＞
　　①従業員の雇用が確保される。
　　②取引先に迷惑をかけずにすむ。
　＜デメリット＞
　　①買い手がなかなか見つからない。
　　②経営の継続性が維持できなくなり、従業員や取引先が離れていく可能性がある。

後継者

事業承継編 3 — MBO（マネジメント・バイ・アウト）

1

中小企業の約7割の企業で、後継者が不在とのことですが、御社の場合はご長男がいますから大丈夫ですよね。

子どもは私の会社には興味がないようだ。会社の経営はたいへんで自分にはできないと言っていたよ。サラリーマンが気楽でいいからと商社に勤めているんだ。

2

てっきりご長男が会社を継がれると思っていたのですが、残念ですね。それじゃ、社長のところも後継者不在ということになるのですね。社長、どうするのですか？ まさかM&Aということになるのですか？

M&Aをすると従業員のことが心配なんだよ。社風も変わってしまうからね。

3

役員や従業員の方で、御社の経営を前向きに考えている方はいらっしゃいませんか？ 役員や従業員の方なら社長の方針や考え方も理解していますし、取引先との関係もご存じですから、安心して引き継ぐことができます。どなたか候補はいらっしゃいませんか？

役員の一人が引き継ぎたい気持ちはあるらしいんだが、そうなると私の株式を買い取るために多額の資金調達が必要になるんだよ。それができないみたいなんだよ。

4

個人で資金調達するのはむずかしいですね。でも、受皿会社（SPC）を設立して、その会社で資金調達して役員の方に承継する方法があります。その後、御社と設立した受皿会社を合併させれば承継は完了します。

なるほど。受皿会社で資金調達して、その後に合併させれば事業会社の資金で返済できるから、役員個人に負担はないんだね。それなら可能性があるね。役員に話してみるよ。

着眼点
役員による承継の場合、株式の買取資金の調達という問題が生じます。その解決策として受皿会社（SPC）を活用することで資金調達の問題を解決しています。また会社の借入について、後継者である役員の個人保証という問題もクリアしなければなりません。

> ビジネス　融・預

　MBOとは、M&A（企業の合併・買収）の手法の一つで、その企業の経営陣が中心となって自社株を買い取って経営権を取得するものです。
　MBOは、親会社から子会社や事業部門を切り離す際、第三者に売却せず、経営者や従業員がその株式を取得して、会社から独立するために用いられることがあります。また、株式公開のメリットが薄れた上場会社が、将来的な敵対的買収の懸念から、会社自ら株式非公開に踏み切るための手段として活用されることもあります。
　この事例では、親族の後継者がなく、会社の役員が会社を承継する場合について解説します。

■ 会社の役員に承継させるスキーム

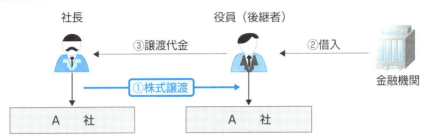

　役員個人（後継者）が株式を買い取る場合、資金調達がむずかしく、かりに調達できたとしても、その借入の返済をするのは非常にたいへんです。受皿会社（SPC）を活用することで資金調達がしやすくなりスムーズに承継することができます。

　後継者となる役員がSPCを設立し、そのSPCで株式を買い取ります。株式を買い取ったのち、A社を存続会社としてSPCとの合併を行います。

後継者

事業承継編 4 　株式公開（IPO）

1

社長、前期の業績も好調でしたね。売上がかなり伸びていましたが、その要因はなんだったのですか？

おかげさまで昨年比1.2倍になったよ。新興国での売上が大きく伸びたのが要因だよ。ここまで伸びるとは思ってもいなかったよ。この状態だと海外に工場を新設しないといけないかもしれないね。

2

それはすごいですね。海外に工場を新設するとなると多額の資金が必要になりますね。その時には当方で支援させてください。社長、業績が上がれば御社の自社株の評価も高くなりますが、ご長男への承継はどうされるお考えですか？

それが気になっていたんだよ。当社の株式の評価を税理士にお願いしたんだが、高過ぎてとても長男に移転できる金額じゃないんだよ。

3

そうでしょうね。私もかなり高いと思っていました。そうなると相続税もたいへんですよね。非上場会社の株式は換金性が低いですから資金調達がたいへんです。それなら株式公開されてはいかがですか？　御社の業績なら十分株式公開に値しますよ。

株式を公開すると、会社の内容を開示しなければならないし、いろいろな事務も増えてたいへんだよね。だから今まで上場しなかったんだよ。

4

たしかに開示義務は生じますが、株式公開されれば、社長の保有株式を一部売却することで現金化でき、創業者利潤を享受することができます。何より役員や従業員の方がお喜びになるのではないですか？　上場企業というだけで皆さんのモチベーションが上がり、更なる会社の発展に大きく寄与すると思います。

たしかに上場すれば従業員も喜ぶだろうね。今の株価じゃ長男にも移転できないし、納税資金の調達もたいへんだからなあ。上場か、一度検討してみるか。

着眼点　株式公開（IPO）は究極の事業承継対策です。非上場の同族会社には、会社の内容を開示したくないという理由で株式を公開しない企業があります。しかし、株価が高額である場合、株式公開することで承継がスムーズに進むことがあります。

会社の発展とともに自社株の評価額は高くなる傾向にあります。自社株の評価額が高くなればなるほど、後継者への株式移転はむずかしくなり、多額の資金調達をする必要があります。そこで検討するのが株式公開（IPO）です。

株式公開は、自社株式に換金性が生まれることから事業承継対策として大きな意味を持ちます。非上場株式には換金性がなく、後継者への株式移転や相続税の納税資金の調達に苦慮しますが、株式を公開することで市場の資金を活用することができるのです。株式を公開する際、オーナーの所有株式の一部を市場に売却することで現金化され（創業者利潤）、その資金を相続税等の支払に充当することも可能なのです。また、株式の公開により、市場から事業資金の調達や金融機関からの借入も含め、多様な資金調達が可能となります。

1 株式公開（IPO）のメリット

① 長期安定資金の調達と財務体質の強化
銀行借入よりも低コストで市場から直接資金を調達することができます。

② 会社の知名度・社会的信用力の向上
会社の知名度が向上し、優良企業としてのイメージが高まり、取引先、金融機関等からの信用が高まります。

③ 優秀な人材の確保と従業員のモチベーションの向上
上場することにより会社が高く評価され、優秀な人材の採用が可能となります。また、上場企業の役員・従業員であるという自覚によるモチベーションの高まりが期待されます。

④ 創業者利潤の実現
オーナーは、株式公開時の株式の売出しによって現金化され、創業者利潤を実現することができます。

2 株式公開（IPO）のデメリット

① コンプライアンス経営の実行と責任
会社法、金融商品取引法、日本証券業協会の定める規則等、遵守すべき法令等が拡大し、株主代表訴訟、役員・企業に対する損害賠償請求等の訴訟が提起される可能性が高まります。

② 企業内容開示義務
投資家に投資判断資料を提供するため、決算発表、有価証券報告書の提出等の開示を行う必要があるとともに、事務・経費負担が増大します。

後継者

事業承継編 5　会社分割による長男・二男への事業承継

1

社長、取締役のAさんとBさんは、ご子息さまですよね。将来、事業を引き継がれると思うのですが、後継者はどなたにお考えなのですか？

それがむずかしい問題でね。今後の会社の経営方針を巡って兄弟でもめることが多くてね。今は私が最終判断して方針を決めているからいいんだけど、片方に事業を継がせると問題が起きるかもしれないんだよ。それが心配でねえ。

2

御社には、スーパーマーケット事業部とホームセンター事業部がありますね。事業部ごとに会社分割したうえで、ご長男とご二男に継がせるという方法が検討できるのですが、それぞれに得意分野はあるのでしょうか？

長男にはマーケット事業部を、二男にはホームセンター事業部を見てもらっているんだよ。お互いに自分が見ている事業部のこととなると一生懸命だよ。そういうことを考えると、君がいうように会社分割して継がせるという考えも悪くないね。それなら争いもなく引き継げそうだ。

3

はい。後継者候補が複数人いる場合、会社分割により事業承継を行ったという会社があります。今ではうまく経営されています。
御社の場合も会社分割が最もふさわしい承継のあり方かと思います。

なかなかいい提案だね。今までの悩みが解消された気分だよ。
でも、実際に会社分割を行うのはたいへんそうだね。

4

そうですね。事業部ごとに資産査定や権利関係等の整理を行う必要がありますので、税理士等の専門家に相談しながら行うケースが多いようです。ところで、顧問税理士はこの分野に詳しい先生ですか？

相続にはけっこう強そうなんだが、事業承継となるとむずかしいと思うよ。だれか詳しい税理士を紹介してくれるかい。

はい、お任せ下さい。それでは税理士の先生と一緒に検討しましょう。

着眼点 兄弟（子ども）が会社で働いている場合、兄弟の経営に対する考え方などをヒアリングすることで後継者問題が浮き彫りになることがあります。ここでは「会社分割」という考え方を紹介して円満な承継が行えるようにアドバイスを行っています。

このトーク例は、後継者不在の問題ではなく、後継者候補が複数人いるための承継問題を取り上げています。
　兄弟で経営に対する考え方が違うのは普通にあることですが、兄弟が会社の発展のために理解・協力し合う関係にないと会社の発展は見込めなくなる可能性があります。また、一方だけに事業を承継した場合、兄弟間でトラブルが起きることも想定され、取引先や従業員を不安にし、次第に業績が悪化してしまうことも考えられます。そうならないために、事業承継は従業員や取引先のことも考えて円満な承継をする必要があるのです。

■ 会社分割のスキーム

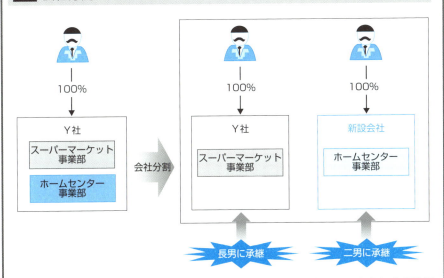

　上記のように、それぞれの得意分野においてフルに力を発揮してもらうため事業部ごとに会社を分割し、承継の準備を行うことができます。
　そして、長男と二男に将来の承継について社長の考えを事前に伝えることで、これまで以上に経営のことを真剣に考え、更なる事業の発展が期待できるようになります。
　事業承継は短期間で行うべきものではなく、後継者の教育など時間がかかるものです。60歳を超えている社長には、積極的に事業承継の話題を出し、事業承継の準備を早めに行う大切さを訴えましょう。

株式の移転

事業承継編 6 　後継者への自社株の移転方法

1

社長、今度の新商品は爆発的な売れ行きですね。たしか後継者の専務が開発された商品ですよね。

ああ、そうなんだよ。私には発想できなかったアイデアだね。今の時代には、若者のアイデアのほうがお客さまのニーズを捉えることができるのかもしれないね。
私もそろそろ引退かな。

2

専務のご活躍も、社長が経営者として教育されたからこそですね。社長、専務に事業を引き継がれるおつもりですか？

子どもに任せることにしたよ。ところで、株式を子どもに譲りたいのだが、どういうやり方がいいんだい？

3

株価の評価額によって、移転の方法を考えなくてはなりません。株価が安い場合は、贈与や個人間で譲渡する方法が考えられますが、株価が高い場合、後継者出資の持株会社を設立して譲渡する方法が考えられます。資金面や税負担なども考慮にいれて、負担が少ない方法を検討するといいかと思います。

やり方がいろいろあるんだね。贈与税は税金が高いし、それ以外の方法なら資金調達が必要になってくるんだね。

4

それから、やり方によって株価の評価額が変わります。
贈与や個人間で譲渡する場合の価格は相続税評価額なんですが、持株会社に譲渡する価格は法人税法上の時価での譲渡となり株価が高くなります。
総合的に判断するために、株価を算定してみましょう。

そうだね。まずは株価がいくらになるかわからないと検討できないね。さっそく、税理士に頼んでみるよ。

着眼点 後継者に株式を移転する方法は、「贈与」「相続」「個人間での譲渡」「持株会社への譲渡」などがあり、移転する時の株価の違いや負担する税金が違ってきますので、お客さまにとって無理のない最もふさわしい方法を提案することが大切です。

後継者へ株式を移転する場合、どのような移転方法がよいのか検討することになりますが、そのためには株価を把握する必要があります。
　株価を把握したうえで、各移転方法における税負担、資金調達額、メリット、デメリット等を検証して、無理のない移転方法を選択していきます。

■ 自社株式の移転方法

① 個人間での売買
　・譲渡価額：相続税評価額
　・税率：譲渡税20％
　・株価が低い場合に推奨
　・評価額が高いと資金調達額も多くなり返済がたいへんになります。

② 贈与
　・贈与価額：相続税評価額
　・贈与税率（10～55％）：最高税率55％
　・株価が低い場合に推奨
　・評価額が高いと贈与税の負担が大きくなります。
　・特別受益として後継者以外の相続人から申し立てられる場合があります。

③ 相続
　・株価評価額：相続税評価額
　・相続税率（10～55％）：最高税率55％
　・株価が低い場合に推奨
　・株価が高いと納税資金不足となることがあります。
　・後継者以外の相続人に分散される可能性があります。

④ 後継者出資の持株会社を設立し譲渡
　・譲渡価額：法人税法上の時価（相続税評価額に比べて高い）
　・税率：譲渡税20％
　・株価が高い場合に推奨
　・持株会社が資金調達し事業会社の配当金で返済していきます。

⑤ 事業承継税制：納税猶予制度の活用
　・納税猶予制度については、Ｐ183を参照してください。

株式の移転

事業承継編 7 　　**後継者出資の持株会社に譲渡**

1

株式の移転について相談があるとのことでしたが、いよいよご長男に承継されるのですか？

私も67歳だからね。会社を切り盛りするのも体力的につらくなってきたのと、私が元気な時に、息子の会社運営を見て指導しなければならないと思って決断したんだよ。

2

そうでしたか。
ところで株式の移転について、どのようなことをお知りになりたいのですか？

先日、君に算出してもらった当社の株価が10億円だったよね。10億円もする株式をどのように息子に引き継いだらいいのか相談したいんだよ。

3

株価が10億円になりますと、まず株価対策を行って株価を下げてからご長男に移転しましょう。移転する方法ですが、株価を下げたとしても億単位の株価だと思いますので、贈与や個人間売買は税金や資金調達、返済面でむずかしいと思います。

贈与をすると贈与税が高額になるし、個人間で譲渡すると、子どもが資金調達して、返済もしなければならないから無理だよね。じゃ、どうすればいいのかね。

4

ご長男の出資する持株会社を設立して、その持株会社に譲渡しましょう。御社は毎期配当を出していますから、持株会社が株式買取資金を調達して、その返済は配当金で行うように組み立てができると思います。ただ、持株会社に移転する株価は、法人税法上の時価で行う必要がありますから、相続税評価額と比べると株価が高くなると思われます。

持株会社を設立して移転させる方法があるんだね。返済も配当金でできるのなら検討する余地はあるな。株価が高くなっても、その方法が一番いいのかもしれない。税理士にも確認してみるよ。

着眼点 後継者への株式の移転方法は、①相続、②贈与、③個人間での譲渡、④持株会社への譲渡があります。個人間で贈与や譲渡する場合は、高額な資金調達が必要になることや返済面でも無理が生じます。そこで持株会社への譲渡を提案しています。

1 後継者への株式移転方法

① 相続（納税猶予）
・相続で後継者に株式を相続させる場合は「遺言」を活用する方法があります。
・納税猶予を活用する場合は、従業員の雇用維持など経営に一定の制約がありますので、事前に要件を確認して判断する必要があります。

② 贈与
・株価が将来、上昇することが見込まれる場合は、「相続時精算課税制度」の特別控除2,500万円を活用する方法があります。
・相続発生時に株価が上昇していた場合、特別受益として申し立てされることがあるため、「固定同意」や「除外合意」を相続人全員で取り交わすと安心です。

③ 個人間譲渡
・後継者が多額の資金調達をする必要があり、その返済がたいへんになります。

④ 後継者出資の持株会社への譲渡
・事業会社が配当金を支給している場合には、その配当金を返済原資として、資金調達することができます。

2 後継者出資の持株会社への株式譲渡

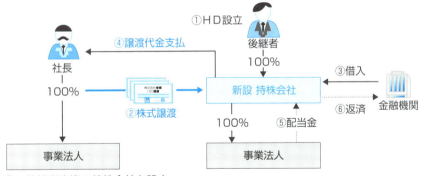

① 後継者出資の持株会社を設立
② 社長が保有している株式を持株会社に譲渡（譲渡価額は法人税法上の時価）
③ 金融機関より株式買取資金を借入（返済原資は事業会社の配当金等）
④ 社長に株式買取資金を支払
⑤ 毎年、配当金を支給（33.4％以上の出資で配当金は益金不算入となります）
⑥ 配当金等を原資に返済

株式の移転

事業承継編 8 　**相続時精算課税制度の活用**

1

社長、先日のお話では、そろそろ後継者であるご長男に株式の移転をお考えとのことでしたので、御社の株価の評価額を算出してまいりました。

それはありがたいね。評価額が高いと子どもに移転するのに資金調達がたいへんだからね。評価額はどれくらいになったんだね。

2

はい。また少し評価額が上がっていました。御社の株式の評価額は3億円になっていましたよ。この株価だと持株会社を新設して移転したほうがよろしいかと思いますが、株価対策を行って評価額が下がれば、相続時精算課税制度を活用して贈与するという方法も考えられます。

「持株会社の設立」か「相続時精算課税制度」が考えられるんだね。株価対策をしてどれくらい評価額が下がるかだね。対策のいい方法は何かあるのかね。

3

株価のシミュレーションも行ってまいりました。利益対策によるシミュレーションですと、利益を今の3分の1くらいにできれば株価は4,000万円くらいまで下がる可能性があります。含み損を抱えている不動産を保有していますが、その不動産を売却して利益を圧縮することは検討できないでしょうか？

3丁目の賃貸物件には含み損があるが、その物件を売却して含み損を実現させるわけか。建物も古くなって修繕費もかかるようになってきたから、考え時かもしれないね。

4

株価が4,000万円まで下がれば、相続時精算課税制度で贈与が検討できますから、資金負担が少なくてすみます。御社にとって一番いい方法だと思います。ただ、贈与を受けたご長男には贈与税がかかりますのでご注意ください。4,000万円の贈与ですと、300万円の贈与税が発生します。

300万円の贈与税がかかるんだね。3億円の資金調達に比べれば負担は軽いから特に問題はないよ。君のアドバイスどおり税理士と株価対策と贈与について検討してみるよ。

着眼点 株式の評価額による移転方法を説明しています。そして株価のシミュレーションで利益対策が有効であり、含み損の実現を行うことで資金負担が少ない贈与による株式移転を提案しています。貸金のために譲渡による移転のみを提案しないようにしてください。

1 相続時精算課税制度とは

① 直系尊属間において、60歳以上の者（親・祖父母）から20歳以上の推定相続人（子）および孫への贈与において、特別控除額2,500万円、超過部分に対して一律20%の課税となります。
② 相続時は、贈与財産を贈与時の評価額で相続財産に加算し、相続税額を算出し、負担した贈与税を相続税から控除して納税します。

(注) 一度、相続時精算課税制度を選択すると暦年贈与を選択することができなくなります。

2 相続時精算課税制度で贈与する資産

将来的に資産価値の上昇が確実だと思われる資産を検討しましょう。相続発生時に贈与価額より資産価値が下回ると、結果として税負担が増すことになります。

3 特別受益に注意！

今回例に挙げた自社株式の相続時精算課税制度による贈与について、4,000万円で贈与した自社株式の評価額は、次第に株価引下げ対策の効果がなくなり、相続発生時に3億円の評価額に戻ってしまっていた場合、他の相続人から特別受益として申し立てをされる可能性があります。その場合、遺産分割においては、相続発生時の評価額3億円で遺産分割を行わなくてはならず、すでに株式の贈与を受けている後継者に多額の資金負担（代償金）が生じてしまう結果となりますので注意する必要があります。そうならないために、遺留分に関する民法の特例である「固定合意」「除外合意」を合わせて検討しましょう。

4 固定合意・除外合意とは

経営承継円滑化法では、「遺留分に関する民法の特例」を規定しています。この民法の特例を活用すると、後継者を含めた現経営者の推定相続人全員の合意のうえで、現経営者から後継者に贈与された自社株式について、
① 遺留分算定基礎財産に算入する価額を合意時の時価に固定（固定合意）
② 遺留分算定基礎財産から除外（除外合意）
することができ、特別受益に関する懸念はなくなります。

株主

事業承継編 9　会長（創業者）の保有株式

1

社長、来月は会長のお誕生日ですね。そういえば、最近、会長にお目にかかっていないのですが、会社には来られていらっしゃいますか？

最近は、会社に来ることも減ってきたんだよ。以前より、足腰が弱まってきて会社に来るのがたいへんになってきたみたいなんだ。でも自宅では元気に声を張り上げているよ。

2

そうですか。それはよかったです。
たしか、会長は御社の株式を35％保有していましたね。その株式を会長はどうなさるおつもりなのでしょうか？

会長の株式は、私が引き継ぎたいと考えているんだが、その話はまだ会長としていないんだよ。

3

会長は株式を手離すつもりはないのでしょうか？　社長の出資割合は65％ですから、せめて特別決議が可能な66.7％以上の出資割合にしたいですね。

そうなんだよ。
相続が発生すると、兄弟が株式を相続したがる可能性があるんだよ。毎年、配当金を出しているから、その配当金がほしいらしいんだ。

4

それなら「遺言」によって円満な相続を考えないといけないですね。会長に出資割合の件や株式の分散についてお話して、会長のお考えを聞いてみたらいかがですか？　これは重要な問題ですよ。

そうだね。相続が発生してからでは遅いからね。体も弱ってきているし、早めに聞いてみるよ。

着眼点　会長の誕生日の話題から、健康状態の確認へと会話を進めています。そのことで会長の保有株式について社長の思いをヒアリングしています。出資割合や株式の分散といった問題を解決する手法として「遺言」を提案しています。

創業者である会長（父）が株式の一部を保有しているのは、会社への思い入れが強い表れだと推測できます。会長に株式の移転の話をすると、気分を害されてしまう場合がありますので、慎重に対応する必要があります。

　会長に直接伺うのは一番早い方法ですが、ワンクッション置くという意味で、社長に会長の株式について聞いてみるのもよいでしょう。会長の思いを知ることができるかもしれません。

　会長の出資割合が多ければ、その株式をだれが引き継ぐのかによって、経営が脅かされることも考えられます。

　また、株式の評価額が高ければ、相続税の問題も考えられます。

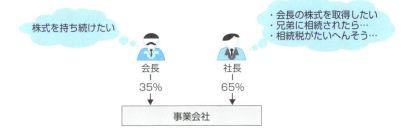

　会長、社長にはそれぞれの思いがあります。その思いを把握して対応することが大切になります。こちらの思いだけで会話を進めるとビジネスチャンスを失うことになりますので注意してください。

　このようなケースの場合、創業者は自分が創業した会社の株式を手離すことに寂しさを感じてしまいます。株式を保有していることが励みになっているのです。

　それではこういう場合はどのように対応したらよいのでしょうか？

　会長と社長の思いを実現させるためには「遺言」を作成することです。

　会長が株式を保有したまま相続が発生すると、社長以外の相続人に株式が分散される可能性があります。社長には66.7％以上（特別決議が可能）の出資割合になるように相続させることが理想です。

＜留意点＞

　「遺言」を作成する場合、当方より遺産分割について誘導するような言動は行わないようにしてください。「遺言」はお客さまの意思で決定し作成することが重要です。

株主

事業承継編 10 　分散株式の集約

1

決算書で株主構成を拝見しましたが、AさんとBさんが、それぞれ20％ずつ出資されていますが、どなたですか？

私の姉と妹です。父（創業者）の相続時に、うまく分割できなくて姉と妹にも株式を相続されてしまったんだよ。

2

そうですか。ところで、お姉さまたちは会社の経営に携わっていらっしゃるのですか？

株式は持っているけど、会社の経営にはまったく携わっていないんだよ。でも会社の重要事項の決定には、姉たちの同意を得ないといけなくてね。

3

株式が分散すると経営に支障を来さないとも限りませんから何とかしたいですね。それから株価の評価が高いと、お姉さまたちに、万一のことがあった場合、お姉さまたちの相続税が高くなり相続税が支払えないということも考えられます。

なるほど。以前、株価を試算した時にはけっこうな金額になったよ。
そうだね。姉たちに万一のことがあれば、納税するのがたいへんになるかもしれないな。

4

そうなんです。相続のことも念頭に置きながら、買い取れるときに買い取ってあげたほうがよろしいかと思います。それから、後継者に事業を承継する場合も考え、株式は集約しておかれたほうが望ましいですね。

そうだね。姉たちにも相談してみるよ。その前に株価がいくらになっているのか知る必要があるね。株価が高いと資金調達が必要になるからね。

株価を算定したうえで、買取りスキームを検討してみます。

着眼点　担当者が把握していない株主についてヒアリングしています。分散した株式に対する社長の思いを聞き出し、相続税という問題を出しながら株式の集約を後押ししています。分散株式はいろいろな問題を抱えている場合がありますので話題にしてみましょう。

法人の申告書・決算書から、株主構成や出資割合を把握してだれがどのような権利を有しているのか把握することが大切です。

株主構成に問題を抱えている会社は少なくありません。その問題点を会話に入れながら社長の思いを探り、解決策を提案するようにしましょう。

1 株主構成を把握するポイント

① 社長の出資割合
② 同族株主の出資割合
③ 経営外株主の出資割合
④ 社長と株主の関係（兄弟姉妹、役員、取引先等）
⑤ 法人株主の場合、当該法人の出資者の把握（後継者の可能性あり）

2 出資割合による株主の権利を把握する

＜一部を抜粋＞

議決権割合	株主の権利
33.4%以上 （3分の1超）	株主総会の特別決議を阻止できる（拒否権） ①取締役・監査役の選任決議の定足数は、発行済株式数の3分の1未満に軽減できない
50.1%以上 （過半数）	株主総会の普通決議が可能 ① 取締役、監査役の選任・解任　　② 剰余金の処分 ③ 計算書類の承認　　　　　　　　④ 取締役、監査役の報酬の決定 ⑤ 自己株式の取得
66.7%以上 （3分の2超）	株主総会の特別決議が可能 特別決議事項 ① 定款変更　　　　　　　　　　　② 募集株式の発行 ③ 資本金の減少、会社の解散　　　④ 譲渡制限株式の買取りの決定 ⑤ 特定の株主からの自己株式買受け　⑥ 全株取得条項付種類株式の取得 ⑦ 重要な事業譲渡、合併、会社分割、株式交換および移転

（注）議決権割合3％以上の株主は、会社の帳簿および書類の閲覧謄写権があります。

3 株式を集約するタイミング

① 社長が後継者に株式を移転するタイミングで他の株主と交渉する
② 株主の体調が悪くなったタイミング
③ 株主に相続が発生したタイミング

などが考えられますので、他の株主の状況等もつねに把握するようにするとよいでしょう。

株主

事業承継編 11　名義株主の整理

1

社長、株主の中に10株を保有している株主が6人いらっしゃいますが、どなたですか？

会社を設立する当時は、発起人が7人必要だったので、6人に名義を借りて設立したんだよ。要するに「名義株」なんだよ。

2

「名義株」ですか。その名義株主の株式は整理なさらないのですか？
万一、名義株主に相続が発生したら、相続人の方に高値で買取りを要求されたり面倒なことが起きる可能性がありますよ。

そうか。だったら株主名簿を書き換えるか。出資は私のお金で払い込んだのだから問題はないよね。

3

社長、株主名簿を書き換えたら贈与税が課せられる可能性がありますよ。設立当時の出資金の払込みの確認などはありませんか？
もしなければ、株主から名義を貸しただけだという念書または覚書をいただくと税務署に説明ができます。

払込みの確認なんてもうないよ。そうなると名義株主から念書をもらわないといけないのか。面倒だね。ほかに整理する方法はないのかね。

4
種類株式を活用する方法があります。「全部取得条項付株式」を活用して少数株主、今回は10株を保有している名義株主を強制的に排除する方法があります。株式を強制的に買い取ることになりますから金銭を払わなくてはなりません。名義株主に、まず念書や買取りを交渉してみて、承諾していただけなければ、種類株式を活用する方法を検討されてはいかがですか。

まずは、名義株主から念書か買取りを交渉することから始めないといけないんだね。それが駄目なら種類株式で強制的に買い上げるわけだね。子どもに承継する前に、整理しておきたいから交渉してみるよ。

着眼点　平成2年以前に会社を設立する際、発起人は最低7人必要でした。そのため名義を借りて会社を設立し、今現在でも名義株主として株主名簿に記載されている会社があるのです。名義株主は後継者に事業を承継する前に整理することをお勧めします。

> ビジネス

　平成2年に商法が改正される以前は、株式会社の設立には最低でも7人の発起人が必要でした。そのため、資本金の拠出は経営者がするものの、株式の名義だけを知人から借りて、株式会社を設立するということが行われていました。このように株式会社設立のためだけに名義だけを借りた株主のことを名義株主といいます。
　「名義株」とは、会社における株主名簿上の名義とその株式の実質上の所有者とが一致していない株式のことです。
　「名義株」には厄介な問題も潜んでいますから、整理は早めに着手したほうがよいでしょう。

1　名義株が抱える問題点

　名義株の名義人に相続が発生し、その相続人から高値で買取り請求される可能性があります。

2　名義株式の解消方法

① 真の株主である名義借用者（社長）が、出資払込みの事実を証明し、名義株主から名義貸与に関する覚書・念書を徴求する※。
② 名義株主との交渉により、株式を返還（買取り）してもらう。
③ 種類株式（全部取得条項付株式）を活用して、強制的に少数株主から買い取る（強制排除）。

※ 株主名簿の名義株主を本来の名義人に書き換えた場合、本来の名義人に贈与税が課せられる可能性があるので、上記①を整備したうえで行うようにしてください。

3　全部取得条項付株式による少数株主の強制買取り

① 株主総会の特別決議により定款変更を行い種類株式を発行する旨の定めを設ける。
② 株主総会および種類株主総会の特別決議により、普通株式に全部取得条項を付す旨の定めを設ける。
③ 株主総会の特別決議により全部取得条項付普通株式の取得を決議し、<u>少数株主に交付される種類株式が1株未満となるように新株の割り当てを設計</u>※し、<u>金銭交付により少数株主を排除する</u>。

※ 全部取得条項付株式は、いったん、すべての株主から株式を全株吸い上げ、その保有割合によって新株を割り当てるというもので、たとえば、少数株主が10株保有していた場合、100株につき新株を1株割り当てるように設計すれば、少数株主には新株0.1株となり、1株未満の株式は交付することができないため、新株0.1株分の金銭交付により少数株主を強制的に排除できるのです（この手法をスクイーズアウトといいますが、検討に際しては専門家と必ず相談してください）。

株価対策

事業承継編 12 — 株価（自社株式）算定の必要性

1

社長、御社の自社株の評価額を、毎期確認されていらっしゃいますか？

株価なんて計算したことないよ。当社の株なんかそんなに高くないと思うよ。大丈夫だよ。

2

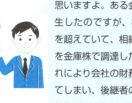
株価が高い安いにかかわらず株価を把握することは重要なことだと思いますよ。ある会社で相続が発生したのですが、株価が10億円を超えていて、相続税の納税資金を金庫株で調達したのですが、それにより会社の財務内容が悪化してしまい、後継者の方が経営に苦しんでいました。そうならないためにも株価を把握しておいたほうがいいのではないですか？

株価が高いと会社の経営に影響してくることがあるんだね。会社のことと相続は別だと考えていたのだが、そうはいかないみたいだね。

3

はい、そうなんです。相続への対応次第では会社の経営がグラつくことがあるのです。社長、株価を計算してみましょう。

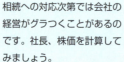
そうだね。株価がいくらするのか確認しておいたほうがいいね。顧問税理士に確認してみるよ。

4

わかりました。株価算定の結果が出ましたら、事業承継や相続の観点から、いろいろな対策を検討してみましょう。

結果が出たら連絡するよ。よろしく頼むよ。

着眼点　相続の発生時、株価が高ければ納税財源を確保するため、会社の資金（金庫株）を活用することがあります。会社の資金は、本来、運転資金や設備資金であり、思わぬ出費で会社の経営がグラつく可能性があるため、株価を把握し早期の対策が大切なのです。

オーナーの財産内訳をみると、自社株の割合が財産の半分以上を占めるケースも珍しくありません。後継者に株式を移転する前に、突然相続が発生してしまうと相続税の納税財源が不足していることが多いのです。納税財源を確保するため、自社株を第三者に譲渡することは経営権の兼ね合いからできず、相続した株式の一部を発行会社へ譲渡（金庫株）して資金を調達することが多いのです。

■ 保有財産内訳例と金庫株スキーム

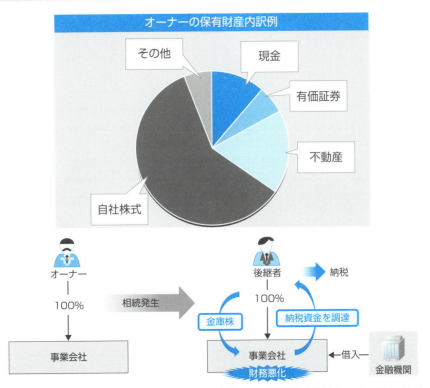

　事業会社にとって、相続税支払資金を調達することは財務の悪化につながり、その後の経営戦略にも大きな影響を及ぼすことが考えられます。
　事前に、一部の株式を後継者に譲渡して確保しておくか、または事業保険を活用して、金庫株の買取資金を保険でカバーする手立てをしておけば事業会社の財務を健全に保ったまま金庫株を実行することができます。
　そのためには、自社株の評価額や相続税額を把握し事前に対策を構築しておく必要があるのです。

株価対策

事業承継編 13 — 持株会社の活用（上昇抑制）

1

社長、先日いただきました決算書で御社の株価を算定した結果、2億円も評価額が上昇していました。総額で8億円ですよ。

1年間で2億円！そんなに上がってるの！前期より決算内容は少し良かっただけなのに、なぜそんなに高くなったんだ？

2

御社は株式評価上、「大会社」ですので類似業種比準価額で評価しますが、ここ数年、日本経済の景気が上向いていますから、比較対象となる類似会社の株価が上昇しているのが、一つの要因になっているのです。

そうか。当社の業績以外に類似会社の株価が影響してくるんだね。株価が高くなり過ぎると事業承継や相続にも大きな影響が出てくると困るな。

3

業績が好調なのは良いことです。それに伴って今後も株価は上昇する可能性が高いと思われます。そこで「持株会社」を活用する方法があるのですが、ご興味ございませんか？

持株会社？具体的にどういうことだい！

「持株会社」を設立して、株式交換によって、持株会社の子会社にすることで、その後の株価上昇による含み益の一定割合を控除することができるのです。つまり株価上昇を抑えるメリットがあるのです。

4
なるほど。持株会社を活用すると、そういうメリットがあるんだね。一度、詳しく話を聞かせてくれないかい。

かしこまりました。それでは専門の税理士を交えて検討してみましょう。

着眼点　株価を前々期と比較して、上昇した要因について説明しています。そして株価の上昇がもたらす影響（事業承継・相続）に触れ、その対策として持株会社の活用を提案しています。

> ビジネス

　事業承継や相続が、会社の財務に与える株価の影響は、つねに考えておかなければなりません。株価の評価が高い場合には、事業承継における株式の移転に伴う資金調達や、相続税の納税資金確保のための金庫株による買取資金等で、会社の財務に影響を与えてしまうケースがあるのです。

　株価の対策には短期的な対策および長期的な視点での対策があります。

　持株会社の対策は、長期的な視点からの対策になります。

1　持株会社の設立

①社長が持株会社を設立します。

②株式交換を行うことで、図Bのように事業会社が持株会社の子会社となるHD（ホールディングス）化が実現します。

③持株会社設立時（HD化）の株価より、将来、株価が上昇した場合には含み益から37％控除することができ、株価の上昇を抑える効果が期待できます。

2　HD化による株価上昇の抑制効果

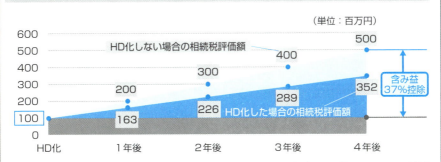

　HD化した当時の株価が1億円で4年後には相続税評価額で5億円になった株価が、HD化によって含み益4億円の37％が控除されるため、3億5,200万円に抑制されています。このようにHD化は長期的な株価対策になるのです。

株価対策

事業承継編 14 — 役員退職金の活用（利益）

1

社長、ご長男の専務も先頭に立って、いろいろ采配されていますね。
先日も設備投資の資金調達について相談がありました。前向きに検討させていただいております。

融資の件はよろしく頼むよ。最近は長男に任せているんだよ。経営者として、これまで指導してきたかいあって、最近では率先して采配してくれているよ。従業員も長男が後継者になることを応援してくれるようになったんだよ。

2

それはよかったですね。専務も人格者ですから、社長と同じように立派な経営者になられるのでしょうね。ところで、そうなりますと事業承継については、そろそろお考えなのでしょうか？

私も、もう年だからね。私が元気なうちに長男に会社を譲って、社長としてどのような采配をするのか見てみたいと思っているんだよ。社長になってみないとわからないこともあると思うし、暴走しそうなら助言しなくてはいけないからね。

3

それは、いいお考えですね。ところで、御社の株式の評価額は8億円ぐらいでしたから、専務に株式を移転するための対策を考えなくてはいけませんね。

そうだね。
8億円だと資金調達はむずかしいから、株価の対策を考えないといけないね。

4

代表的なのが役員退職金の支給により利益を圧縮し株価を下げることですが、どれくらい株価が下がるのかシミュレーションしてみましょう。退職金は、最終報酬月額に役員在任年数と功績倍率で算出する方式で計算してみたいと思いますが、役員退職金の規定は何か定めていらっしゃいますか？

役員退職金の規定は特に定めていないので、君のいった計算方式でやってみてくれないか。それによって株価がどれくらいになるのか見てから、必要であれば他の対策も考えたいと思っているので、アドバイスを頼むよ。

着眼点 事業承継は、後継者の経営者としての能力が備わっていないと行われません。後継者の会社運営の采配等を話題にしながら、後継者の社長としての能力や事業承継について社長からヒアリングし、株価対策へと進めています。

1 役員退職金の適正額

その役員が法人の業務に従事した期間、退職の事情、その法人と同種の事業を営む法人で事業規模が類似するものの役員に対する退職金の支給状況に照らし、その退職した役員に対する退職金として相当であると認められる金額と定められています。

役員退職金の適正額（損金算入可能額）の算出方法（参考価格）

> 最終報酬月額　×　役員在任年数　×　功績倍率（2～3倍程度）

ただし、下記の点に留意する必要があります。

> 昨今のケースでは、上記算出方法で算出した役員退職金について否認された事例があります。
> <u>類似する会社の役員退職金の支給状況と照らし、過大支給と判断された場合</u>は、退職金ではなく役員賞与と判断され、法人側では損金算入されず、個人側では退職金所得ではなく給与所得として判断されます。
> また、退職金によって株価が下がり、下がった株価で後継者等に譲渡（贈与）した場合には、退職金の損金算入がなかったものとして株価を再計算することになり、結果的に譲渡税や贈与税等の修正申告が必要になり、過少申告加算税等が発生してしまいます。
> したがって、<u>役員退職金の算出については、専門の税理士等と相談の上、慎重に適正額を決定すること</u>が望ましいと言えます。

2 退職所得の計算

> 退職所得　＝　（退職金　－　退職所得控除額）　× $\frac{1}{2}$※

※ 勤続年数5年以下の役員等については、2分の1課税の適用対象外

勤続年数	退職所得控除額
20年以下	40万円　×　勤続年数　＜80万円に満たない場合には80万円＞
20年超	800万円　＋　70万円　×　（勤続年数　－　20年）

（注）勤続年数の1年未満の端数は切上げ

株価対策

事業承継編 15　後継者出資の資産管理会社へ収益物件を譲渡（利益）

1
社長、事業部門の業績も前期は好調でしたね。ところで御社はテナントビルを5棟も所有されていますが、なぜそんなに所有されているのですか？

けっこう前の話なんだが、会社の業績が好調で法人税の負担が重かった時に利益対策として何かないかと考えていたら、税理士から償却資産を購入して対策をしましょうということで収益物件を購入したんだよ。今こんなことをする人はいないと思うがね。

2
そうだったのですか。税金対策のために購入されたのですね。今はそれが資産となって、高収益を上げているのですからすごいですね。

事業とテナント収入で、また税金負担がたいへんだよ。先日、税理士から「自社株の評価額が上がって相続税がたいへんですよ」って言われたんだよ。

3
利益が上がれば自社株の評価も上がりますから税負担が増えますよね。御社は「事業部門」も「テナント」も高収益を上げていますから、収益物件を後継者出資の資産管理会社に譲渡されてはいかがでしょうか？

税理士の先生は「税金がたいへんだ」ということは言っていたが、そんなアドバイスはなかったけどなぁ。

4
高収益を上げている収益物件を資産管理会社に譲渡すれば、その利益による今後の株価上昇分は完全に切り離すことができます。そして御社の利益が下がりますので、株式の評価も下がることになり、相続税の負担も軽減できるんです。

なるほど。テナントは事業とは別だから、運営・管理を分けるという意味でも資産管理会社に譲渡する考えはいいかもしれないね。これについて詳しい税理士を紹介してくれるかい？

着眼点 事業収益および不動産収益の両方が大きく、かつ自社株の評価額が高い場合、後継者出資（または家族）の会社に収益物件を譲渡することで自社株の評価を下げると同時に、今後の株価の上昇も抑えることができます。

法人の申告書や決算書から、所有している不動産明細を把握するようにしましょう。事業法人の中には、収益物件を保有している会社も多くみられます。自社株の評価額が高く、株価の高い要因が「事業収益」と「不動産収益」の両方にある場合、収益物件の譲渡が考えられます。

■ 収益物件の譲渡による株価対策

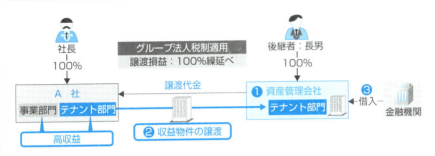

① 後継者出資の資産管理会社を設立し、その新会社に高収益を計上している収益物件を譲渡します。
② A社（事業会社）と資産管理会社は、親族の100％出資の法人であることから、グループ法人税制により、譲渡による損益は認識されません（繰延べ）。
③ 収益物件を時価で譲渡しますので、資産管理会社による資金調達が多額になる可能性があります。
④ 譲渡したテナント収入が資産管理会社に移転することから、A社の株価には影響を及ぼさなくなり自社株評価の上昇を抑制することが可能となります。

　事業会社の後継者として長男と二男がいる場合、事業会社A社を長男に、資産管理会社の出資者を二男として、テナント部門を二男に承継することも検討できます。このように後継者候補が複数人いる場合には、事業部門ごとに承継させることで、円満な事業承継を行うことができますので、相続による財産分与も含めて総合的に判断する必要があります。

株価対策

事業承継編 16 — 含み損のある不動産の売却（利益）

1

後継者である専務のあいさつは爽やかでいつも元気をもらっています。社長や専務の影響でしょうか、従業員の皆さんもイキイキお仕事されていますね。

あいさつは基本だからね。専務が率先してあいさつをしているせいか従業員もするようになったんだよ。

2

活気があって御社を訪問するのが本当に楽しみなんですよ。
ところで、専務が経営者として腕を振るうのも近いのではないですか？

経営者としての能力は備わってきたと私も感じているんだ。私が70歳になる来年には、専務に譲ろうかと考えているんだよ。

3

そうでしたか。専務でしたら立派な経営者になられるでしょうね。来年に承継をお考えでしたら、今期中に株価対策を考えなくてはいけないですね。御社の株価は高いですから、引下げ対策をしてからでないと資金調達がたいへんになるかと思います。

そうか。今のままじゃ専務に株式を移転するのも多額な資金が必要になるね。今期中にできる対策ってどういうものがあるんだい？

4

たしか本社ビルには含み損がありますよね。その含み損を実現できれば自社株の評価を下げる効果があります。含み損の実現のために社長が本社ビルを購入されてはいかがですか？ そうすることで相続財産の圧縮効果も期待でき、自社株対策と相続対策の両方のメリットを享受することができます。

そうか。自社株対策と相続対策の両方にメリットがあるわけだ。検討する価値はあるね。さっそく税理士に相談してみるよ。

着眼点 不動産の含み損は利益対策に活用することができます。経営者が事業用不動産を保有していない場合には、事業用資産の売却損と小規模宅地等の特例の活用を組み合わせて対策を行うことでメリットが2倍になるのです。

事業法人の所有不動産の「含み益」「含み損」については把握するようにしましょう。「含み損」は会社の株価対策（利益対策）等に活用できる場合があるからです。「含み損」は100％グループ法人間以外の法人または個人に売却することで実現します。

事業会社が事業用不動産（含み損の不動産）の売却を検討している場合、社長が事業用不動産を所有していなければ、社長個人がその事業用不動産を購入することで相続対策としてのメリットが生まれます。

■ 事業用不動産の含み損を活用した株価対策

メリット1
含み損の実現で利益が圧縮され自社株の評価が下がります。
※100％グループ法人間では含み損は実現しませんので売却先に留意する必要があります。

メリット2
事業用の不動産（土地）を取得することで、特定事業用宅地等の小規模宅地等の特例が活用でき、相続財産の圧縮効果が期待できます。

譲渡先の変更
社長個人が購入できない場合は、100％グループ法人以外の法人で購入する方法があります。
※100％グループ法人については、P209を参照してください。

① 2億円の含み損のある本社ビルを社長個人に譲渡（合理的な理由が必要）し、含み損を実現させます。利益が圧縮され自社株の評価額は下がります。
② 時価での譲渡となり資金調達が多額になる場合があります。
③ 売却代金により会社の財務状態が改善（運転資金、設備資金、退職金支払等に活用）します。
④ 社長が取得した本社ビルを、そのまま事業会社にリースバック（賃貸）します。
⑤ 事業会社から家賃収入を得ます。
※ 社長個人の借入は、将来、役員退職金や後継者への株式譲渡代金により一括で返済することができます。

関連ページ 209

株価対策

事業承継編 17 高収益部門の分社化（利益）

1

社長、主力商品の○○の売れ行きが好調ですね。今期も御社の業績は増収増益なのではないですか？

おかげさまでね。
新興国での売れ行きが好調なんだよ。海外にも工場を作らないといけないかもしれないね。

2

海外に工場を建設される際には、当方で資金を支援させていただきます。ところで、御社の自社株もまた上がりますね。

まあ、会社の業績が上がることは良いことだから仕方ないよ。
株価のために業績を下げるわけにはいかないからね。これからも業績が上向くように頑張るよ。

3

会社の発展が第一ですね。当方でも会社の発展のために協力させていただきます。ところで、このまま株価が高くなると後継者への承継の時に多額の資金調達が必要になる可能性があります。そこで株価の上昇を抑えるために、好調な製造部門を分社化されてはいかがでしょうか？

製造部門を分社化？
どこに分社化するのかね。分社化するとどのようなメリットがあるんだい？

4

御社は、販売部門と製造部門に分かれています。そこで100％出資の子会社を新設して、そこに高収益を上げている製造部門を分社化させるのです。そうすることで御社の利益が子会社に移り株価を下げる効果があります。そして子会社の株価上昇分は37％控除できるメリットもあるのです。

なるほど。部門ごとに分けることで利益が分散され、株価上昇を抑えることができるんだね。その考えいいね。税理士と相談してみるよ。

着眼点　企業の収益がどこで生み出されているのか分析し把握しておくことで、的確なアドバイスが可能となります。高収益部門を子会社に分社化することで株価を下げる効果が期待できるのです。

株価上昇の要因が「高収益事業の利益」にある場合、その高収益事業を本体事業会社から子会社に切り離すこと（分社型分割）で株価の上昇を抑制する効果が期待できます。

分社型分割による株価対策

① 株価上昇の要因を分析します。

＜株価の高い要因が利益にある場合＞

② 事業部（部門）が複数ある場合、どの事業部の利益水準が高いか把握します。

③ 利益水準の高い事業部の切り離しを検討します。

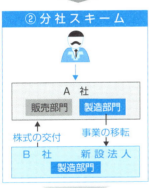

① 新設会社B社を設立します。

② 新設会社B社に高収益部門を移転します。税制適格の場合は簿価で引き継がれることになります。

③ その対価として子会社B社の株式を本体事業会社A社へ交付します。

④ 高収益部門が子会社B社へ移転完了。

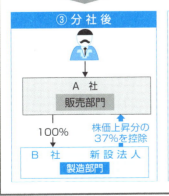

① 製造部門を切り離したことで、A社の利益水準が下がり、それによって株価が下がります。

② 一方、B社の株価は高収益部門の利益によって株価が上昇することになります。

③ B社はA社の100％出資の子会社であるため、株価上昇による含み益の37％が控除され、株価の上昇を抑制する効果が期待できます。

株価対策

事業承継編 18 　高収益部門の事業譲渡（利益）

1
社長、前期の決算をもとに御社の株価を算定してまいりました。
2億円も評価額が上がっていましたよ。株価総額で7億円になります。将来、後継者へ移転する時には多額の資金が必要になるかもしれません。

7億円、そんなに評価額が上がったのかね。長男に株式を移転する時もたいへんだけど、相続税が心配だなあ。何か対策はないのかね？

2
そうですね…。
御社の業績が今後も順調に推移していくと、株価はもっと高くなると想定されますね。御社の株価は利益によって左右されますから、利益対策ということになるのですが…。

利益対策か。でも、会社は利益を上げないといけないし、株価のために業績を落とすわけにはいかないよ。

3
いい考えがあります。御社は販売部門と製造部門に分かれていますよね。そして販売部門の利益率が非常に高いのです。そこで、ご長男が出資する会社を設立して、販売部門を譲渡する方法が考えられます。

販売部門を譲渡して、本当に効果はあるのかね？
そこまでしなくてもいいような気もするが…。

4
高収益の販売部門を譲渡すれば、販売部門による株価上昇の影響を受けなくなります。そして御社の利益が下がりますので株価は下がることになるのです。販売部門の事業を買い取る資金は必要になりますが、事業承継の資金負担や相続税の負担も軽減されるのでメリットはあると思います。

これ以上、株価が上がればもっとたいへんになるからなぁ。ここで決断して対策をしたほうがいいかもしれないね。さっそく、税理士と相談してみるよ。

着眼点 利益率の高い企業の株価は年々上昇することが想定されます。その対策として「事業譲渡」を提案していますが、これは「後継者の有無」、「利益率の高い事業部」を把握しているからこそできる提案です。

高収益企業の株価は、年々上昇していく傾向にあります。
　自社株の評価額が高く、かつ株価が上昇傾向にある場合、将来、後継者に株式を移転する際の資金調達や相続税の負担が重くなるため、中長期的な対策が必要になります。後継者が決まっている場合、高収益部門を譲渡することで株価の上昇を回避することが可能となります。

■ 事業譲渡による株価対策

販売部門を後継者出資の新設会社に譲渡することで、販売部門による株価上昇を完全に切り離すことができます。

① 後継者が新会社を設立し、その新会社に高収益部門である販売部門を事業譲渡します（高収益部門の資産、負債を選別して譲渡し、取引先、仕入先、従業員等も新会社が引き継ぎます）。
② 事業譲渡を行う際、新会社による営業の許認可が必要になる場合があります。
③ 譲渡する資産は時価で評価を行うため、多額の買取資金が必要になる場合があります。
④ 譲渡した高収益部門である販売部門の利益は新会社へ移転することから、A社の株価に影響を及ぼさなくなり、自社株評価の上昇を回避することが可能となります。

　事業譲渡には多額な資金が必要になる場合がありますので、会社の経営に影響を及ぼさないように慎重に判断することが大切です。
　また、事業譲渡による対策のほかに「分社型分割」で高収益部門を子会社へ移転させ、株価の上昇を抑制する対策も検討できますので、「事業譲渡」あるいは「分社型分割」のどちらがその企業にとってふさわしい対策か慎重に判断する必要があります。

関連ページ　143

株価対策

事業承継編 19　親会社の仕入を子会社に変更（利益）

1

前期の売上は順調に伸びて、利益も前年比20％アップでしたね。
いつも社長が心配されている株価も、また上昇されたのではないですか？

会社の業績が伸びることは本当にうれしいよ。従業員の皆も頑張ってくれているからね。このまま株価が上昇し続けたら、長男へ引き継ぐ時は資金調達がたいへんになるかもしれないな。

2

そうですね。
株価すごく高いですよね。社長、御社には100％出資の子会社がありますね。子会社は何をしている会社なのですか？

私の友人が経営していた会社なんだが、うちで買い取ったんだよ。業務の内容が同じだから親会社に一部を集約して効率化を図ったんだが、そのおかげで利益は出ていないんだよ。

3

そうですか。それなら、御社の海外現地法人からの仕入を子会社の仕入にして、子会社から御社が商品を購入するという流れに変更することで、御社の利益水準を抑えることができます。その結果、株価の上昇を抑制する効果が期待できますが、仕入先の変更はむずかしいですか？

子会社を間に入れるのかね。なるほど。そういう活用の方法もあるのか。
でも、そうすると子会社の株価が上がって、結局同じことになるんじゃないの？

4

たしかに子会社の利益が上がりますから株価は上昇しますが、御社の100％子会社になりますから、子会社の株価上昇の37％を控除することができるのです。長期的な利益対策としては有効かと思います。いかがですか？

それはいい考えだね。
さっそく顧問税理士と相談してみるよ。それが実現できたら子会社の為替取引は君の銀行に頼むよ。

着眼点　会社の規模が「大会社」の株価上昇の一番の要因は「利益」です。その利益対策として子会社を活用した利益の分散によって、長期的に株価上昇を抑制することをアドバイスしています。そういうアドバイスでビジネスは拡大していくのです。

> ビジネス

　グループ会社のモノ・お金の流れを把握することによって、いろいろな問題点・改善点が浮き彫りになります。
　今回のケースは、グループ会社の子会社を活用することで、長期的な視点から株価の上昇を抑制する対策として、製品の仕入先を変更することで親会社の利益水準を下げるという手法になります。

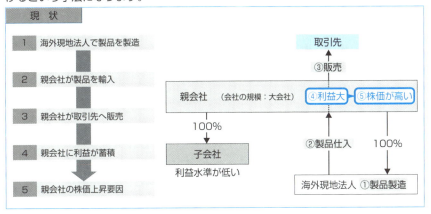

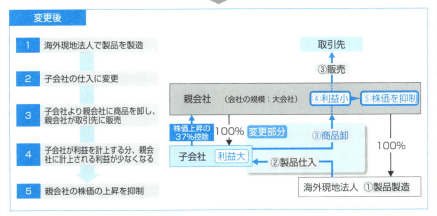

　子会社の利益水準が上がると親会社の株価に反映されますが、子会社は親会社の100％出資の子会社であるため、子会社の株価上昇の37％が控除されることになります。

株価対策

事業承継編 20 ｜ レバレッジドリースの活用（利益）

1

社長、来期に後継者であるご長男に事業を譲られるそうですね。
そうなりますと、自社株の対策が必要になりますが、対策は何かお考えですか？

最近、業績が好調で株価が上がっているんだよ。今期も増益になる予想なんだ。来期、株式を移転するには多額の資金が必要になるんだよ。
どうすればいいのか相談に乗ってくれるかい？

2

会社が儲かるのはうれしいですが、今期中に株価対策をしないといけないですね。御社には含み損を抱えた不動産もありませんし…。
そうだ！ 社長、レバレッジドリースを検討してみませんか？

レバレッジドリースは、航空機や船舶のリースだよね。それって株価対策になるのかい？

3

はい。レバレッジドリースは10年契約が多いのですが、最初は受け取るリース料より減価償却費や利息額のほうが上回るため課税所得はマイナスになるのです。その分、利益が圧縮され自社株の評価が下がることになります。

なるほど。航空機や船舶じゃ減価償却費は大きそうだね。経費に算入できる額が大きくなる分、利益が減少するわけだね。

4

はい、そのとおりです。
ただし、5年目ぐらいまでは経費のほうが大きいのですが、後半の5年ぐらいはリース料のほうが上回り税金負担が増えることになります。そして10年後の契約終了時に売却するのですが、その時に多額の利益が計上されてしまいますので法人税の負担が多くなります。つまり課税の繰延べになっているのです。

そうか。前半に節税になった分、後半に利益が計上されるってわけだね。でも今期の利益対策になるから検討してみるか。とりあえず、どれくらい効果があるのかシミュレーションで確認してみたいのだけど…。

着眼点　利益対策には、含み損の実現や退職金の活用等がありますが、それらが活用できない場合、レバレッジドリースを活用する方法があります。レバレッジドリースは利益の繰延べですから、利益対策で有効的な対策がない場合に検討するとよいかもしれません。

ビジネス　手数料

　レバレッジドリースは、匿名組合（SPC）が出資金と借入金で資金を調達し、航空機や船舶等を購入し、賃借人にリースする取引です。
　匿名組合（SPC）に出資することでリース業の損益を享受することができるのです。
　その損益を表したのが下記の図になります。

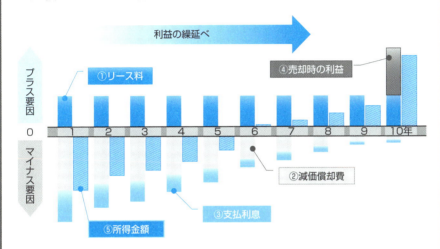

① リース料
　　毎年同額のリース料を得ることができます。
② 減価償却費
　　契約当初の減価償却費が大きく、利益対策として活用できますが、年々減少していきます。
③ 支払利息
　　当初は支払利息額が多いのですが年々減少していきます。
④ 10年の契約終了時には、売却利益が計上されます。
⑤ 所得金額
　　当初は減価償却費と支払利息額がリース料を上回り、所得金額は大きくマイナスになります。そして年々減少していき、契約後半には所得金額はプラスに転じ税金負担が発生します。契約終了時には、売却利益が計上されるため、多額な税金負担となる場合があります。

　レバレッジドリースは1年目に所得金額が大きくマイナスになるため利益が圧縮され自社株の評価が下がります。そのタイミングで後継者への株式移転を行うのです。

株価対策

事業承継編 21　債務超過の会社と合併（利益）

1
社長、先日は決算書ありがとうございました。グループ会社5社の決算書を拝見いたしましたが、御社は前期も大幅な増益でしたね。一方で〇〇産業は前期も赤字を計上していました。繰越欠損金もかなりの額で債務超過になっていますが、何か対策は講じていらっしゃるのですか？

痛いところをついてくるね。〇〇産業が主力としている製品の受注が減ってきているんだよ。何か新たな製品を開発するか、経費削減を徹底して行わないとむずかしい状態なんだよ。

2
そうですか。製品の開発も時間がかかりますよね。
ところで、今年も自社株の評価を算出してまいりましたが、御社の業績と類似業種会社の株価の上昇で、株価は3億円も上昇していました。

そんなに上がったのかね。このまま上昇し続けると、子どもに継がせる時の資金調達がたいへんになるかもしれないなあ。

3
さきほど、経費削減のお話がありましたが、御社と〇〇産業との合併は検討できませんか？　合併によって作業の効率化や人件費の圧縮など経費の削減効果はあるかと思います。それから、御社は黒字、〇〇産業は赤字で繰越欠損金がありますから、税金面でも効果があるように思われます。専門の税理士の方と相談しないといけませんが、検討する価値はあるのではないですか？

合併ね。一時は廃業も考えたことがあるんだが、合併することで、経費の削減効果や税金面でも効果があるかもしれないということだね。税理士と相談して検証してみるよ。

4
最近の事例で、赤字会社との合併については、租税回避とみなされて否認されるケースもありますから、絶対ということではありませんので、税理士と相談してご検討ください。これが実現すればグループ全体の経営の効率化になるはずです。そして株式の評価引下げにも効果があると思います。

合併の効果は経営の効率化だけじゃないんだね。株価にも影響してくるというわけだね。租税回避で否認されたらたいへんだから、合併の効果を含めて慎重に税理士と相談して検討してみるよ。

着眼点　グループ企業の業績を把握したうえで、業績が芳しくない会社の話題から、グループ全体での経営の効率化へと展開しています。企業単体で改善策を考える方法もありますが、ここではグループ内で組織再編を行うことによる効果について説明をしています。

1 債務超過である会社と合併する場合の留意点

合併を行うということは経営戦略上、
① 「他社の技術力を手に入れたい」
② 「販路を拡大したい」
③ 「当社の技術とあの技術が融合すれば新商品を開発できる」
などの合併効果を期待して行うものであるため、債務超過の会社と合併する場合は経済的合理性に基づく理由が必要となります。

過去に債務超過の会社と合併した企業の中には、租税回避目的での合併で否認されたケースや、事業承継における自社株の評価引下げのみを目的に合併したケースで否認された事例があります。

債務超過の会社と合併を検討する場合は、専門の税理士や弁護士等と相談のうえ、検討するようにしてください。

2 債務超過の会社と合併する効果

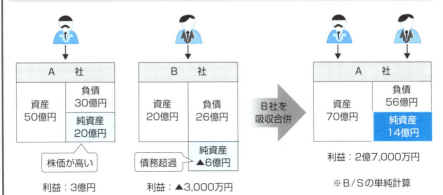

① A社は純資産20億円で利益を3億円計上しており、自社株の評価額が高く、法人税の負担も重いと思われます。
② B社は赤字を計上しており、かつ、6億円の債務超過に陥っていることから経営状態は非常に厳しいといえます。
③ A社とB社が合併（A社による吸収合併）すると、純資産額は相殺され14億円に、利益については2億7,000万円に減少します。
④ 純資産額と利益が減少するため、A社の自社株の評価額は下がることになります。

株価対策

事業承継編 22 メディカルサービス法人（MS法人）の活用（利益）

1

理事長、病院の経営は順調そうですね。地元の皆さんの評判もすごくいいですよ。理事のご長男も喜んでいらっしゃいました。

そうかい。うちの病院は地元の皆さんに元気で長生きしてもらうことがモットーなんだよ。そういってもらえるとうれしいね。長男もこの病院を継いでくれるから安心だよ。

2

はい、その評判どおりたくさんの患者さんが来院されていますよね。半面、理事長の出資金の評価額はかなり高くなっているのではないですか？ 医療法人は配当金の支給が禁止されており、内部留保が厚くなる傾向がありますから。

たしかに出資金の評価額は高いと思うよ。父の相続の時はたいへんだったからね。長男へ譲る時も覚悟しておかないといけないかもしれないね。

3

このままでは、ご長男の方が病院を継がれても相続税の支払で苦労されますよね。そこで、MS法人を活用されて、利益の移転を図ったらいかがでしょうか？

MS法人を活用することで、どのようなメリットがあるんだい？

4

MS法人は一般事業会社と同様に利益を追求できます。医療法人の医療業務以外の仕事を請け負うことで、医療法人の利益をMS法人に付け替えることが可能となります。その利益を活用して理事長の出資分を買い取ることも検討できますので、相続税の対策にもつながります。

MS法人には、いろいろな活用の仕方があるんだね。顧問税理士は、この辺については詳しいから聞いてみるよ。

着眼点 医療法人は営利活動が禁止されており、その営利を追求する目的でMS法人を活用する方法があります。医療法人の収益をMS法人へ移転することで出資金の上昇を抑制したり、所得の分散を図ったりと中長期的な観点での対策が可能となるのです。

> ビジネス　融

メディカルサービス法人（MS法人）は、持株会社や資産管理会社等と同じように一般の事業会社で医療行為以外のサービスを提供するための会社です。

MS法人設立の狙いは、医療法人等が行っている医療業務と財産の管理・運用業務のうち、財産の管理・運用業務をMS法人に移し、医療法人の利益をMS法人に転嫁させることで、出資金評価額の上昇を抑制する効果が期待できます。

MS法人の業務内容としては、窓口業務・給食業務・リネンサービス業務・診療報酬請求業務・会計業務・医療機器等のリース業務・清掃業務など、さまざまな業務内容が考えられます。ただし、医療法人とMS法人が同族関係の場合には、利益相反とならないようMS法人の役員等の選出には十分な配慮が必要になりますので、専門の税理士等と相談しながら進める必要があります。

■ MS法人の活用事例

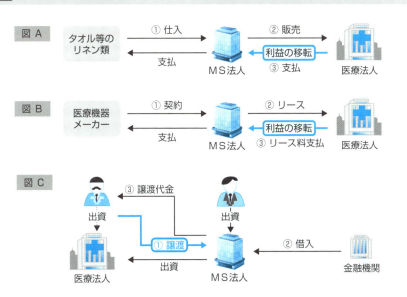

図Aおよび図Bのように、医療法人の業務の一部をMS法人に移行することで、利益の移転を図ることができます。また、理事長が出資している出資金の評価額が高額である場合、図Cのように、事前にMS法人へ出資金の譲渡を行うことで相続税の納税財源を確保することが可能となります。

MS法人の出資持分では、社員総会における議決権行使はできません。医療法人の場合には社員1人に1議決権が割り当てられており、個人に限定されているのです。

株価対策

事業承継編 23　収益物件の１棟買い（純資産）

1

社長、税理士さんにお願いしていた株価算定はいかがでしたか？
御社は業歴が長くて純資産が厚いですから評価額は高かったのではないですか？

そうなんだよ。思っていた以上に高くてビックリしたよ。何か対策を考えないといけないんだけど、今の税理士は株価は計算できるんだが対策は専門じゃないらしいんだ。

2

御社の会社の規模は「小会社」ですから純資産価額の影響が半分ですね。そうすると利益対策のほかに純資産価額を引き下げる対策が必要になりますね。社長、収益物件の購入を考えてみませんか？

おいおい、収益物件の購入と株価と何か関係があるのかい。
そんな話聞いたことがないけど、どういうこと？

3

純資産価額を引き下げる対策として、不動産の時価と相続税評価額の乖離を活用することで純資産を圧縮させることができます。ただし、圧縮効果が見込めるのは３年経過後になりますので対策は早く行う必要があるのです。土地は約20％、建物は約50％ぐらいの圧縮効果が見込める可能性があります。

そういうことか。３年経たないと効果がでないんだね。子どもへの事業承継の時期と合わせて考えないといけないのか。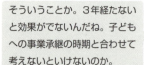

4

はい。事業承継の時期に効果が表れるように対策を行う必要があります。収益物件の購入のほかにも、利益対策なども検討しながら対策を行っていきましょう。

そうだな。収益物件の件も前向きに検討してみるよ。事業承継に詳しい税理士の先生を紹介してほしいんだが。その先生に相談して事業承継のスケジュールを組みながら対策を検討するよ。

着眼点　株価対策を行う場合、会社の規模を把握することが大切です。会社の規模が小さくなるほど「利益対策」より「純資産の対策」のほうが効果がある場合があります。また、業歴が長い会社は、純資産が厚い場合が多く「純資産の対策」が有効的と思われます。

自社株の評価引下げ対策は、「利益対策」または「純資産の対策」のどちらの効果が大きいかを判断して対策を行う必要があります。

今回のトーク例では会社の規模（P163参照）が「小会社」（P157参照）であるため、純資産額の影響度が大きいことから純資産の圧縮対策を提案しています。

純資産の圧縮策として収益物件の購入を例に具体的にみてみましょう。

■ 収益物件１棟買いによる純資産の引下げ対策

＜前提条件＞
- ●購入土地：購入金額３億円、面積300㎡、路線価100万円、借地権割合70%
- ●購入建物：時価３億円、固定資産税評価額１億8,000万円
- ●借入額　：６億円

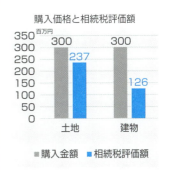

＜購入した収益物件の相続税評価額＞
①土地の相続税評価額：300㎡×100万円×（１－70%×30%）＝２億3,700万円
　　　　　圧縮額：３億円－２億3,700万円＝6,300万円
②建物の相続税評価額：１億8,000万円×（１－30%）＝１億2,600万円
　　　　　圧縮額：３億円－１億2,600万円＝１億7,400万円

上記のように、土地の評価減は6,300万円（21%減）、建物の評価減は１億7,400万円（42%減）となり、純資産額は購入前の10億円に対して、購入３年後は７億6,300万円と、２億3,700万円の圧縮効果が見込めるのです。

この圧縮効果は３年経過後から表れるため、３年以内は時価によって評価されますので圧縮効果はありません。そのため、事業承継の対策で行う場合は、後継者への承継時期を考えたうえで行う必要があるのです。

株価対策

事業承継編 24 　収益物件の建築（純資産）

1
社長、5丁目の更地の有効活用をそろそろお考えになりませんか？ 以前、ご子息さまへの事業承継は4年後ぐらいと聞いておりますが、収益物件の建築も事業承継の対策になるんですよ。御社の自社株評価における会社の規模は「小会社」になるため純資産価額の影響が大きく左右します。ただ対策の効果が出るのに3年経過する必要がありますから、時期としては今ではないでしょうか？

以前から君に提案してもらって考えてはいるんだが、仕事が忙しくて進んでいないんだよ。
ところで、今、事業承継の対策になるっていったけど、どういうことなんだい。

2
賃貸物件を建築しますと、建物の評価額は時価ではなく貸家評価になり、約50％程度の評価減となります。さらに土地は貸家建付地評価となり約20％ぐらいの評価減となり、時価と相続税評価額の差額だけ純資産価額が減少することで自社株の評価額が下がる効果が期待できるのです。

会社で収益物件を建築するメリットは、自社株の評価を下げることにもあるんだね。今まで収益性のことばかり考えていたから、株価に与える影響は知らなかった。

3
せっかく有効活用をお考えなのですから、収益性はもちろんですが、株価対策も考えて有効活用を行ったほうがメリットを多く享受することができます。建築後3年経過しないとメリットが享受できませんから。

経営者としての教育は以前から続けているが、事業承継についても、そろそろ真剣に準備しないといけないね。

4
そうですよ、社長。事業承継はスケジュールを立てて計画どおりに進めていかなくてはなりません。株価を引き下げるための対策は、収益物件の建築だけではありませんから、それ以外にできる対策は何か、どのように株式を移転させるのか、資金調達をどうするか、など盛りだくさんですよ。

君の言うとおりだね。当社にとって一番ふさわしい事業承継のやり方を考えないといけないね。背中を押してくれてありがとう。事業承継に詳しい税理士を紹介してくれるかい。

着眼点 純資産価額の減少による株価の引下げをテーマにして、収益物件の建築を促しています。会社の規模が小さくなればなるほど純資産価額の影響が大きくなります。そして事業承継の対策には時間がかかる点を説明し、早期の着手を提案しています。

1 収益物件建築による純資産の圧縮例

土地：面積400㎡、路線価50万円、借地権割合70％（更地評価額2億円①）
建物：建築費2億円②、固定資産税評価額1億2,000万円と仮定すると、

貸家建付地評価：400㎡×50万円×（1－70％×30％）＝1億5,800万円・・・③
貸家評価　　　：1億2,000万円×（1－30％）＝8,400万円・・・④
圧縮効果：（①2億円＋②2億円）－（③1億5,800万円＋④8,400万円）
　　　　　＝1億5,800万円の圧縮

2 評価方法

　非上場会社の自社株式の評価は、類似業種比準価額方式、純資産価額方式、またはその折衷価額で行います。折衷割合は上記の表のように「会社の規模」によって決まっており、会社の規模が小さいほど、純資産価額の影響を受けてしまいます。
　通常、類似業種比準価額より純資産価額のほうが高く評価される場合が多いという点を覚えておいてください。

純資産価額 ＞ 類似業種比準価額

3 株価対策の見極め

　当該会社の「会社の規模」を把握し、類似業種比準価額に影響が大きい「利益」対策を行うのか、あるいは、純資産価額に影響が大きい「資産の圧縮」対策を行うのかを考えなくてはなりません。
　会社の規模が小さいほど、純資産価額の影響が大きくなるため、利益対策と併せ「資産の圧縮」対策も検討することになります。

株価対策

事業承継編 25　本社ビルの建替え（純資産）

1

社長、本社ビルを建て替えられるそうですね。

そうなんだよ。もう築40年だからね。耐震化の問題もあるし、手狭になってきているから決断したんだよ。新社屋建設で社員も喜んでいるよ。

2

これまでの従業員の皆さんの頑張りですね。建て替えると10階建てぐらいは建てられるのではないですか？　どれくらいの規模になるのですか？

ここは容積率が高いから15階建てまで建築が可能なんだよ。15階までは必要ないんだけど、うちが使わないフロアはテナントとして賃貸にしてもいいかと考えているんだよ。

3

そうすると建築費は10億円ぐらいでしょうか？
本社ビルを建築されると、3年後には自社株の評価も下がりますね。そのタイミングで後継者への株式の移転を考えてはいかがですか？

新社屋の建設が株価対策になるのか。効果が表れるのは3年後なんだね。そうすると私も68歳になっているんだね。68歳で子どもに譲るのも悪くないか。

4

御社の株価の評価方法は、類似業種比準価額と純資産価額の折衷になりますから、本社ビルの建設で純資産が圧縮され純資産価額が下がります。そのほかに類似業種比準価額の影響が大きい利益対策を組み合わせて行えば、効果が大きいと思います。

なるほど。利益対策も組み合わせて行うことで効果を大きくすることができるんだね。3年後を考えて対策を検討していこう。

着眼点　株価の引下げ対策は、自社株の評価方法を把握して判断します。純資産価額の対策は、「純資産の圧縮」対策を、類似業種比準価額の対策は「利益の圧縮」対策を検討します。

本社ビル建築で純資産の額が下がり株価対策に！

＜前提条件＞
- 建物　　：10億円で建築、固定資産税評価額6億円
- 借入額　：10億円

購入前 B/S
| 現預金 2億円 | 負債 5億円 |
| その他資産 13億円 | 純資産 10億円 |

建築3年以内 B/S
現預金 2億円	負債 15億円
建物 10億円	
その他資産 13億円	純資産 10億円

3年経過後 B/S
現預金 2億円	負債 15億円
建物 6億円	
その他資産 13億円	純資産 6億円

（注1）純資産の額の算出では、借入額の返済に伴う減少や建築に伴う諸費用等は考慮していません。
（注2）テナントとして賃貸する割合について、土地は貸家建付地評価、建物は貸家評価となるため、純資産はさらに減少することになります。

　建物を建築した場合、株価の評価上、建築3年以内は時価で評価することになっていますから純資産の額に変動がありません。しかし、3年経過後から建物は時価の10億円ではなく、固定資産税評価額の6億円で評価できることから純資産の額は4億円圧縮され6億円に減少するため、それによって株価が下がることになるのです。また、その下がるタイミングに合わせ、利益による株価対策を組み合わせて、さらに株価を下げることも可能となります。
　株価が何らかの要因で下がる時には、後継者に株式を移転するきっかけになる場合があります。このタイミングを逃さず社長の意向を確認するようにするとよいでしょう。
　社長自身が、まだ会社の経営権を握っておきたいと考えている場合は、無議決権株式で財産権のみを後継者に移転（経営権は社長のまま）する方法があります（P171参照）。

株価対策

事業承継編 26 　株式保有特定会社の対策（純資産）

1

御社の株価を評価したのですが、子会社の株価が前々期よりかなり高くなっていました。子会社の株価が上昇したため親会社である持株会社の総資産価額に占める株式の割合が50％を超え、株式保有特定会社に該当してしまいました。

会社の株価が上昇しているとは思っていたが、その株式保有特定会社って何だい？　それがどのような影響があるんだい？

2

総資産に占める株式等の割合が50％以上の場合、株式保有特定会社になってしまうのです。
御社の場合、「大会社」ですから、本来、類似業種比準価額で株価を算出するのですが、特定会社に該当してしまいますと、類似業種比準価額ではなく純資産価額で株価を算出しなければならず、株価が高く評価されてしまいます。

そうなのかね。会社の業績のことばかり考えて一生懸命頑張ってきたからね。株価のことはあまり気にしたことはないんだよ。何か解決策はあるのかい。

3

対策としては株式以外の資産を増やすことなんです。
こちらの本社ビルは賃貸物件ということでしたね。先日も手狭になってきたという話をされていましたから、この際、本社ビルのご購入を検討されてはいかがですか？

まあ、本社ビルも何とかしないといけないということは前から考えていたことなんだが、それで株価が下がるのかい？

4

はい。本社ビルを持株会社で購入し、子会社に賃貸することで、持株会社の総資産に占める株式の割合を下げることができます。そうすることで特定会社に該当しなくなれば類似業種比準価額で株価を評価できますので、株価を下げることができます。

なるほど。本社ビルの問題も解消できて、株価の問題もクリアされるってわけだ。自社株に詳しい税理士と相談する必要があるな。紹介してくれるかい。

着眼点　特定会社に該当した場合の株式の評価方法を説明したうえで、特定会社に該当しないための対策を提案しています。株式以外の資産を増やし、株式等の割合を50％未満にできれば特定会社に非該当となり、類似業種比準価額で算出できるようになります。

自社株式は会社の規模（小会社～大会社）によって、類似業種比準方式か純資産価額方式、または併用方式による評価によって算出します（P157参照）。
　株価は通常、類似業種比準価額と純資産価額を比較した場合、純資産価額のほうが高く算出されることが多いのです。
　特定会社に該当した場合は、会社の規模にかかわらず純資産価額で算出しなければなりません。そのため株価が高く評価されてしまうことになります。そして、その影響は事業承継における株式の移転時や、相続が発生した場合の相続税へと跳ね返り、会社の財務に影響を及ぼす可能性が考えられるのです。
　持株会社の資産内容を確認してみると、株式保有特定会社に該当しているケースをよく見かけます。これは、持株会社を設立した目的がHD化や株式の集約だけを目的に設立されたからだと推測できます。
　そのため長期的な視点から、持株会社にも安定的な収益源を確保するための事業化や賃貸物件などの株式以外の資産を保有し、特定会社に該当しないように対策を行う必要があります。

■ 株式保有特定会社

$$\frac{株式・出資の額（相続税評価額）}{総資産の額（相続税評価額）} \times 100 \geq 50\%$$

　会社の規模や業種等に関係なく、総資産額に占める株式・出資金の割合が50％以上の場合に株式保有特定会社となります。
　特定会社には、株式保有特定会社のほかに「土地保有特定会社」もあります。「土地保有特定会社」の場合は、総資産額に占める土地の割合になりますが、会社の規模や業種、総資産額、従業員数等により判定となる割合が異なります。

【留意点】
　対策実行にあたっては、専門の税理士・弁護士と相談のうえ、合理的な理由に基づいて行うようにすることが重要です。

株価対策

事業承継編 27 　合併による自社株評価の引下げ①（会社規模）

1
先日行った株価算定の結果はご覧いただきましたでしょうか？
今日は、株価の試算結果について詳しくご説明しようと思いお伺いさせていただきました。

先日はありがとう。試算の結果は見たよ。当社の株価、けっこう高くなってるね。ビックリしたよ。
どうして、こんなに高くなったのかわかるかい？

2
御社は、毎期しっかり利益を計上されていますから株価が上昇すると考えられます。それと株価算定上の会社の規模が「中会社の小」ですから、純資産価額の影響を4割も受けてしまいますので、株価は高くなる傾向があります。

利益が上がるのは、うれしいことだから仕方ないけど、純資産価額の影響って具体的にどういうこと？

3
会社の規模は、「大会社」から「小会社」まで5分類にされていまして、会社の規模が小さくなるほど、株価は高い純資産価額の割合が増えるのです。類似業種比準価額のみで算定できるのは、「大会社」だけですので、会社の規模が「大会社」になると株価は安くなると思われます。

なるほど、そういうことか。でも、会社の規模を「大会社」にするといっても簡単じゃないよね。うちみたいな中小企業では大会社になんかならないよね。

4
そうでもないですよ。会社の規模は、「売上高」「総資産価額」「従業員数」で判定しますが、御社にはグループ会社がありますよね。御社の従業員は90人、グループ会社の従業員は30人だと思いますが、合併すると、従業員数が100人を超え、「大会社」の判定になります。業種も一緒ですし、合併による効率化を図ることも経営戦略としてよいのではないでしょうか？

合併による効率化か！
確かに重複している仕事があるから、合併する効果は期待できるかもしれないね。そうすることで株価にも影響してくるわけか。税理士にシミュレーションを頼んでみるよ。

着眼点 株価が高い要因は利益水準や純資産の額などいろいろありますが、ここでは「会社の規模」から説明しています。グループ会社の内容を把握し、合併による効率化の推進によって、それが株価にも影響を与えることを関連付けて説明しています。

> ビジネス

非上場会社の株価算定にあたり、まず会社の規模判定を行います。
会社の規模は、下記の図のように「総資産価額」「従業員数」「売上高」により判定することになります。

1 会社の規模判定

①、②、③の順番に判定していきます。

総資産価額			従業員数 ※	売上高			会社の規模判定	
卸売業	小売・サービス業	その他		卸売業	小売・サービス業	その他		
20億円以上	15億円以上	15億円以上	70人以上	30億円以上	20億円以上	15億円以上	大会社	
20億円未満～4億円以上	15億円未満～5億円以上	15億円未満～5億円以上	35人超～69人以下	30億円未満～7億円以上	20億円未満～5億円以上	15億円未満～4億円以上	中会社	大
4億円未満～2億円以上	5億円未満～2.5億円以上	5億円未満～2.5億円以上	20人超～35人以下	7億円未満～3.5億円以上	5億円未満～2.5億円以上	4億円未満～2億円以上		中
2億円未満～7千万円以上	2.5億円未満～4千万円以上	2.5億円未満～5千万円以上	5人超～20人以下	3.5億円未満～2億円以上	2.5億円未満～6千万円以上	2億円未満～8千万円以上		小
7千万円未満	4千万円未満	5千万円未満	5人以下	2億円未満	6千万円未満	8千万円未満	小会社	
			①従業員70人以上				大会社	
② いずれか下位選択								
③ いずれか上位選択								

※ 従業員数が70人以上であれば「大会社」となります。

2 法人申告書・決算書を入手したら

① 株主構成を把握する。
② 会社の規模を把握する。
③ 自社株式の評価方法を把握する。
　・類似業種比準方式（利益対策）
　・純資産価額方式（資産圧縮対策）
　・併用方式⇒この場合、純資産価額の割合を把握する（P157参照）

3 グループ内企業を含めて把握する

中小企業のなかにも、グループ会社を持っている企業は数多くあります。親会社だけでなく、グループ内の企業も把握することで、その企業が歩んできた歴史を感じることができ、何のためにその会社を設立したのかを知るだけでも、新たなビジネスが生まれてくる可能性があります。
時が経過することによって環境の変化や税制の改正など事情は変わってきます。グループ内企業の再編を行うことで、経費の削減効果や事務の効率化の実現、管理運営体制の効率化につながったりするものです。

関連ページ　157・209

株価対策

事業承継編 28 　合併による自社株評価の引下げ②（会社規模）

1
社長、A社とB社の株価を算定してまいりました。2社の株価の相続税評価額合計が12億4,400万円でした。特にB社の株価がA社の約5倍の評価額で10億円を超えていましたよ。

そんなに高かったのかい。B社の収益はそんなにないんだが、純資産が厚いからなぁ。そうなると、子どもに承継する時や相続税がたいへんになるな。

2
そうなんです。私もそれを心配していました。
B社の会社の規模が「中会社の小」ですから、純資産価額の影響を4割受けてしまうため、株価が高くなっています。

昔から所有している不動産だから含み益がけっこうあるんだよね。最近は路線価も上がってきているから株価にも影響してくるよね。そうなると将来はもっと高くなる可能性があるね。何か対策を考えないといけないね。

3
社長、A社の会社の規模は「中会社の大」ですが、B社と合併すれば、売上高で「大会社」の判定になるのですが、合併はいかがですか？
「大会社」になると、類似業種比準価額で株価を算出できますから、株価が大幅に下がる可能性があるんですよ。

A社とB社の合併か。なるほどね。
合併すれば管理や経理などの事務も一緒にできるから、そのほうが効率的かもしれないね。

4
合併によって効率化が図れて、経費の削減もできればいいですよね。合併した場合の、効果についてシミュレーションをしたうえで、検討されてはいかがでしょうか？
専門の税理士の意見も聞きながら検討しましょう。

そうだね。シミュレーションを見たうえで、税理士の見解も聞いてみないといけないね。この分野に詳しい税理士を紹介してくれるかい。

着眼点 株価の評価において、純資産価額の影響度を把握し、合併による会社の規模の引上げによって株価に与える影響について説明をしています。ただし、合併を行う合理的な理由が必要になります。

> ビジネス

会社の規模が「大会社」以外で、純資産が厚い会社の場合、純資産価額の影響を受ける割合が多くなり自社株の評価額が高くなる傾向があります。下図のように、合併によって会社の規模が「大会社」になれば、類似業種比準価額で算定することができるため、自社株の評価額を下げる効果が期待できます。

■ 合併による自社株の評価引下げ

各社の「自社株の評価額」および「会社の規模」は下記のとおりとします（「会社の規模」判定はP163を参照）。

A社（製造業）売上高14億円	
会社の規模	中会社の大
発行済株式数	2,000株
類似業種比準価額	55,000円／株
純資産価額	527,000円／株
相続税評価額	102,200円／株
社長の相続税評価額	204,400,000円

B社（不動産賃貸業）売上高1.5億円	
会社の規模	中会社の小
発行済株式数	2,000株
類似業種比準価額	245,000円／株
純資産価額	932,000円／株
相続税評価額	519,800円／株
社長の相続税評価額	1,039,600,000円

社長の相続税額[※1]	517,100,000円

A社がB社を吸収合併し、会社の規模が「大会社」になると…

$$合併比率 = \frac{B社\ 純資産価額\ \ 932,000円^{※2}}{A社\ 純資産価額\ \ 527,000円^{※2}} ≒ 1.77\ と仮定$$

A社　合併後　売上高15.5億円	
会社の規模	大会社
発行済株式数[※2]	5,540株
類似業種比準価額	85,500円／株
純資産価額	526,700円／株
相続税評価額	85,500円／株
社長の相続税評価額	473,670,000円
社長の相続税額[※1]	140,250,000円

※1 相続人は子2人として算出しています。
※2 合併比率は、本来、時価純資産価額で行いますが、ここでは便宜上、(相続税評価額計算上の)純資産価額で算出しています。

関連ページ 163

株価対策

事業承継編 29 　　配当金の引下げ

1

来年の4月で創業30周年ですね。
何かイベント等は企画されているのですか？

よく知っているね。
なんとかここまでやってこられたよ。これも従業員のおかげだね。
その恩に報いるために、従業員の家族同伴で社員旅行なんか企画したらと考えているんだよ。

2

きっと従業員の皆さんも喜ばれると思いますよ。温泉でゆっくりくつろぐのもいいですね。そういえば、後継者のご長男への承継は社長が70歳になる2年後でしたね。

そうだよ。あと2年頑張って、子どもに引き継ぐ予定なんだよ。
来年の社員旅行で、従業員の皆にもそれを伝えようと考えているんだ。

3

御社は毎期、配当金を支給されていますよね。今度の配当は、創業30周年ですから記念配当として支給されてはいかがでしょうか？
そうすれば、株価が下がりますよ。

記念配当にすると株価が下がるのかい？

4

利益対策みたいに大きく下がることはありませんが、株式評価の対象となる配当金は、経常的な配当金に限られますので、記念配当や特別配当にすることで株式の評価対象から外すことができるのです。後継者に株式を移転する時に、少しでも自社株の評価は安いほうがいいですよね。

なるほど。そういうことなんだね。それじゃ、今度の配当金は「創業30周年記念配当」という名目で支給するよ。

着眼点 会社の行事等を把握しておくことで、株式の評価を下げるための対策になることがあります。本ケースでは「創業30周年」に着目して、配当金の支給を記念配当として支給するようにアドバイスを行っています。

類似業種比準方式の株価を算出する比準要素は、「配当」「利益」「純資産価額」です。

中小企業の多くは、増資をする必要がないため資本金が低く抑えられています。その結果、資本金の大きな上場企業に比べると１株当たりの配当額が高額になる傾向があります。

そして配当金は、２年間の平均額を計上するため、２年間経常的な配当を無配とすることで、配当の比準要素を「０（ゼロ）」にすることができます。

ただし、「利益」と「純資産」の比準要素が「０」になっていないことが重要です。「配当」「利益」「純資産」のうち、２つの比準要素が「０」の場合、比準要素数「１」の会社として、純資産価額方式、または類似業種比準方式（0.25）と純資産価額方式（0.75）の併用方式により株価を算出する必要があるため、逆に株価は高くなる場合がありますので注意が必要です（Ｐ169参照）。

類似業種比準方式の計算式

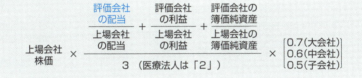

評価会社の配当金額の計算（１株当たり）

$$\frac{（直前期配当額 ＋ 直前々期配当額）÷ 2}{直前期末の発行済株式数（50円換算）}$$

※ この配当額には、非経常的配当（記念配当、特別配当等）は含みません。

配当による対策を行う場合は、専門の税理士や弁護士等と相談のうえ、行うようにしてください。

株価対策

事業承継編 30 赤字だから株価が高くない？（2比準要素ゼロ）

1

社長、決算書を拝見させていただきましたが、3期連続の赤字決算でしたね。このままでは後継者のご長男に事業を引き継ぐ際、株価が高くなり資金調達がたいへんになりますよ。

仕入コストや経費が増えて赤字決算が続いているんだが、後継者の長男とも改善策を考えているところだよ。
うちは赤字だから株価は高くないよ。だから長男への承継も大丈夫だよ。

2

御社は業歴が長く、これまでの蓄積や不動産の含み益で内部留保が厚くなっています。最近は赤字決算で、御社は配当金も支給されていないので、類似業種比準方式で株価を計算する2要素が0（ゼロ）ですから、純資産価額の影響を75％以上受け、株価が逆に高くなっている可能性があるんですよ。

赤字だから株価は安いと思って安心していたのだが、逆に高くなっている可能性があるのかい？
来年には株式を長男に移転しようと考えていたんだが…。

3

そうなんです。
赤字だから株価が安いと思っている社長さんはけっこう多いのですが、中小企業は配当金を支給していない会社が多いので、赤字決算だと2要素が0になり純資産価額の影響を多く受けてしまいます。御社みたいに内部留保が厚い会社は特に注意が必要なのです。

そうだったのか。
それだと、早く黒字になるように改善策を考えないといけないね。

4

そうですね。
仕入コストの見直しや経費の削減など早急に検討する必要がありますね。それと同時に、不良在庫等があれば、それを処分すると資産が減り株価対策につながりますよ。

いろいろアドバイスしてくれてありがとう。助かったよ。税理士とも相談して検討してみるよ。

着眼点　「赤字決算＝株価が安い」とは限りません。業歴が長い会社、または、多くの不動産を所有し多額の含み益を抱え内部留保が厚くなっている会社で、配当金を支給しておらず赤字決算となっている場合には、株価が高いケースがありますので注意が必要です。

類似業種比準方式で株価を計算する要素には、①配当金額、②利益金額、③純資産額（簿価）の3要素があります。このうち2要素が0（ゼロ）であった場合には比準要素数1の会社として株価を計算する方法が異なり、純資産価額の影響を多く受けることになり株価が高くなることがあります。

　特に中小企業の多くは、配当金を支給すると総合課税され最高税率55％の税負担となるため配当金を支給しない企業が多いのです。そのため赤字（申告所得）になると比準要素の配当金額と利益金額が0となり、比準要素数1の会社として評価することになります。

　この判定は、直前期、直前々期、直前々々期が0以下、または、直前々々期が0でなくても直前々期と直前々々期との平均が0以下だと2要素を0と判定するのです。簡単にいえば3期分の決算書を見て判定することになります。

1 比準要素数1の会社の株価算出方法

　純資産価額　または（類似業種比準価額 × 0.25 ＋ 純資産価額 × 0.75）

　比準要素数が1の会社は、上記のように「純資産価額方式」または「類似業種比準方式と純資産価額方式の併用」で株価を算出することになり、純資産価額の割合が75％以上も影響することから株価が高くなるのです。

2 比準要素数1の会社の対策

① 黒字化を目指す（経費等の見直し・販路の拡大）。
② グループ内で賃貸料の支払等で収益の圧迫要因がある場合、グループ法人税制を活用して資産の移転により収益の圧迫要因を排除する。

※ 比準要素1を外せない場合には、不良在庫や遊休不動産の処分により資産を減少させる方法や、不良債権の税法上認められる範囲内で貸倒れ処理を行う方法等が考えられます。

3 参考：類似業種比準方式の計算式

$$\text{上場会社株価} \times \frac{\dfrac{\text{評価会社の配当}}{\text{上場会社の配当}} + \dfrac{\text{評価会社の利益}}{\text{上場会社の利益}} + \dfrac{\text{評価会社の簿価純資産}}{\text{上場会社の簿価純資産}}}{3\ (\text{医療法人は「2」})} \times \begin{bmatrix} 0.7(\text{大会社}) \\ 0.6(\text{中会社}) \\ 0.5(\text{子会社}) \end{bmatrix}$$

種類株式の活用

事業承継編 31 　経営権を維持したまま後継者へ株式を移転する

1

社長、御社の株式を評価したところ評価額が7億円でした。毎期、利益を計上されていますから、今後も上昇していく可能性が高いと思われます。

そんなに高くなったか。でも会社の発展のためには、株価が高くなるのは仕方がないよね。従業員も会社を大きくしようと一生懸命だからね。今は会社を大きくして長男に継がせることが目標なんだよ。

2

そうですね。会社の発展が一番ですからね。でも社長、このまま株価が上昇していくと後継者であるご長男に株式を移転する際、何十億円もの資金調達が必要になり会社の財務を悪化させてしまうこともあるんです。そうならないためにも株価が上昇する前にご長男への移転を考えるのも選択肢の一つだと思いますよ。

まだ子どもに株式を譲る気はないよ！
私はまだ会社を采配して会社を大きくしていかなければならないんだよ。

3

はい。後継者のご長男に株式を移転した後も、社長には100％の経営権を持っていただいて、会社の采配をこれまでと同じように振るっていただける方法があるんです。つまり、後継者に移転する株式は経営権ではなく財産権のみなのです。

何？
株式を移転するのに経営権を渡さないですむのか？　株式を渡したら経営権も子どもに移るだろう？

4

それが大丈夫なんです。
後継者に移転させる株式を「無議決権株式」として移転させることで、経営権は社長が握ったままになり、株式の財産権、つまり財産価値だけ後継者に移ることになるのです。
ですから、株価がどんどん上昇していく前に財産権だけを移転させれば、資金調達も楽になると思います。

そういうことか。
無議決権株式を活用することで、そんなことができるんだね。知らなかったよ。そうであれば検討してみようじゃないか。

着眼点　通常は「株式＝経営権」ですから、後継者への株式移転を簡単には承諾しません。会社の経営を采配して今以上に成長させたいと考えているのです。しかし、「無議決権株式」を活用することで、財産権のみを移転させることが可能となるのです。

高収益を上げている企業にとって業績が向上することは、非常に喜ばしいことです。しかし、その一方で自社株の評価額が上昇していくことになり、後継者に事業を承継する際、多額の資金調達が必要になることが問題点として考えられます。

＜問題点＞
・株価が高過ぎて贈与できない。
・多額の資金調達が必要になり、事業会社の負担が増える。
・相続により後継者が相続した際、納税資金が足りなくなる。
・金庫株による調達は、事業会社の財務を悪化させる可能性がある。

など、株価が高くなればなるほど後継者への承継がたいへんになるのです。

本来、株価が上昇する前に後継者に移転させ、株価上昇のリスクを排除することが理想なのですが、社長は経営権を譲りたくないため、株価が上昇したとしても株式の移転を考えないのが通常です。

このような問題点を解決する方法として「無議決権株式」を活用して、株価が上昇する前に移転させる方法があるのです。

■ 無議決権株式を活用した後継者への株式移転（財産権）

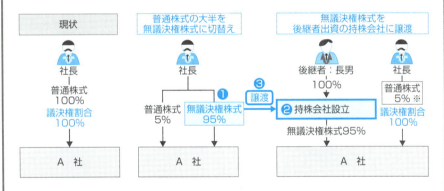

① 社長が出資している普通株式の95％を無議決権株式に切り替えます。
② 後継者出資の持株会社を設立します。
③ 無議決権株式95％を持株会社へ譲渡します。
　株式評価額の95％の財産が後継者に移転したことになります。

社長は普通株式5％の持分だけですが、議決権は普通株式にしかありませんので、社長が経営権を100％握ったままになります。

※普通株式の5％を確実に後継者に引き継がせるため「遺言」を作成すると安心です。

種類株式の活用

事業承継編 32 　**無議決権株式を活用した経営権の確保**

1

社長、35％出資されている株主の方は社長のお姉さんですか？
会社の経営には携わっていらっしゃるのでしょうか？

先代の相続の時に、うまく遺産分割ができなくて姉に株式を相続されてしまったんだよ。まあ、会社の経営には口出ししてこないから安心なんだけどね。配当金がもらえればいいと言っているよ。

2

でも将来はわかりませんよ。お姉さまに相続が発生して、その株式を相続人の一人が相続された場合、35％の出資ですから、拒否権を持たれますよね。厄介なことになりませんか？

姉とはうまくやって来られたから問題は起きていないけど、甥とは、ほとんど話したことがないからね。とはいえ、姉は株式を手離してくれないと思うんだよ。

3

お姉さまは配当金を楽しみにしていらっしゃるのですよね。それなら無議決権株式への切り替えは承諾してくれるのではないですか？ いまでも会社の経営にはタッチしていないようですし。

無議決権株式に切り替えか。メリットがないと切り替えしてくれないんじゃないか。

4

その時は、無議決権株式に配当優先を付けて「配当優先無議決権株式」にすれば、喜ぶんじゃないでしょうか？
配当金を楽しみにしているのなら、議決権がなくなる代わりに配当優先にすることで承諾してくれるかもしれませんよ。

なるほど。それなら可能性があるかもしれない。来週、姉に会うことになっているから話してみるよ。

着眼点　分散株式を買取りできない場合には、「無議決権株式」に切り替えることで経営権を確保することができます。株主との関係を保っている時に交渉を行い、将来の問題を解決するようにしましょう。

兄弟姉妹で出資している場合、共同経営者として会社の運営を行っている場合がありますので、会社の経営に関与しているのか確認することが大切です。共同出資者である株主に、「無議決権株式」や「買取り」の話をするとトラブルになる可能性がありますので注意してください。

　この事例の焦点は、姉の出資割合が35％で拒否権を持っているという点です。姉の時には経営に何も言ってこないとしても、相続によって相続人が株式を取得した場合、会社の経営に口出ししてくることも考えられます。そうならないために姉の株式について対策を講じておいたほうがよい場合もあります。姉の株式について社長のお考えを確認したうえで、解決策を提案するようにしましょう。

■ 無議決権株式による経営権の確保

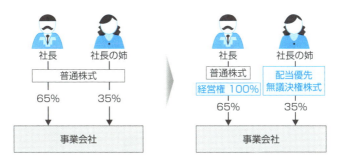

　上記のように姉の株式を無議決権株式に切り替えることで、社長の議決権割合が100％になり単独で特別決議が可能となります。後継者に会社を引き継ぐ時には、議決権割合を3分の2超を確保し、そのうえで承継すれば会社の経営は安定するのです。

　また、「無議決権株式」に切り替えたとしても、相続によって相続人に株式が分散することになります。この分散を防ぐ方法として「取得条項付株式」の活用が考えられます（P175参照）。

種類株式の活用

事業承継編 33 　取得条項付株式による株式の集約

1

社長、御社の株主構成を拝見しますと、社長と奥さまを合わせた議決権割合が65％ですが、会社における重要事項の決定等に支障はありませんか？

今は株主の方との付き合いがあるから特に支障はないんだが、会社を長男に譲る時には、できれば長男に3分の2超の株式を保有させたいんだよ。長男の代になると株主とのつながりも薄くなるかもしれないしね。

2

そうですね。経営を安定させるためには、後継者であるご長男には3分の2超の株式を保有していただくのが理想ですね。他の株主の方はどなたなのですか？

当社の元役員の人なんだよ。一緒に会社を支えてくれた人たちでね。株式を買い取れればいいのだが、そう簡単には手放してはくれないだろうね。

3

買い取れれば、それに越したことはありませんが買取りがむずかしい場合には、種類株式である「取得条項付株式」の導入を検討されてはいかがでしょうか？

取得条項付株式…
聞いたことないけど、それってどういう株式なんだい？

4

株主の方に、万一のことが起きた場合、その株式を会社が買い取るという条項を定めておく種類株式のことです。ですから相続で分散することもありませんし、株式を集約できるメリットがあります。

そういうことができるんだ。それは知らなかった。その条件なら元役員の方たちも承諾してくれるかもしれないな。教えてくれてありがとう。前向きに検討してみるよ。

着眼点 同族での議決権割合が3分の2未満である点に着目し、特別決議への影響を確認しています。相続が発生すると分散される可能性があるため種類株式の活用を提案しています。直接ビジネスには結び付きませんが、情報提供は重要であり、つねに心がけましょう。

経営者サイドで、議決権割合は最低でも50.1％以上（過半数）、理想的には66.7％以上（3分の2超）の議決権割合を保有しておきたいと考えているのではないでしょうか。

同族以外の株主に分散している場合、その株主に相続が発生すると、株式が相続人に分散してしまうことになります。そうなるとさらに株主とのつながりが薄くなり、重要事項の決定に支障を来さないとも限りません。

分散している株式を集約したいという思いはつねに存在すると考えてよいでしょう。その集約方法をアドバイスすることで、新たなビジネスが生まれてくるのです。

■ 取得条項付株式（種類株式）の活用

・取得条項付株式
　一定の事由が生じたときに会社がこの株式を取得できることを定款に定めておきます。

　たとえば、「株主〇〇氏に相続が発生したら発行会社が株式を取得する」等の事由を定めておくことで分散を防止（買取り）することができます。
株主総会での決議と当該株主全員の同意が必要になります。

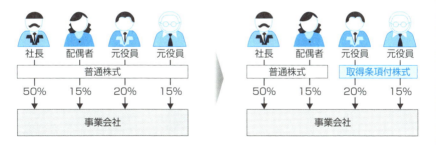

上記のように、元役員の方の普通株式を「取得条項付株式」に切り替えておくことで、元役員の方に相続が発生した際には、会社が株式を強制的に買い取ることができるようになり、将来、株式の集約を図ることができるのです。

株主はその会社に思い入れがあり、買取りに応じてくれなかったり、株主に「売ってください」と頼んだりすることは、簡単にできるものではありません。
　しかし、社長が後継者へ株式移転（事業承継）を行う際、他の株主も売却に応じてくれたり、種類株式への切替えに応諾してくれる可能性が高まりますので、そのタイミングで交渉してみるのもよいでしょう。株式が分散している会社には、分散株式について社長のお考えを聞いてみましょう。

種類株式の活用

事業承継編 34 　**拒否権付株式（黄金株）の活用**

1

社長、後継者のご長男は新しい戦略を考えて、新しい分野にどんどん挑戦していらっしゃいますね。これなら安心してご長男に引き継げますね。

私には思いつかないことを考えて会社を発展させようとする意気込みはいいんだが、これまで会社を支えてきた役員や従業員の意見も聞かずに采配することがあって、けっこう、役員などから反発も多いんだよ。

2

そうなんですか。
役員や従業員の方とうまくやっていかないといけませんね。社内がまとまっていないと会社の発展に影響が出てきますよね。このままでは、株式の移転はまだ先の話になるのですか？

ただ、私も年を取ったからそう先の話にはできないんだよ。早く長男に株式を移転して社長として立派になってもらわないといけないと考えているんだが、株式を移転すると私の権限がなくなるから口出しできなくなるのが心配なんだよ。

3

社長、それなら解決する方法がありますよ。「黄金株」を活用するんです。

「黄金株」？
それってどういう株式なんだい。簡単にできるものなのかい？

4

「黄金株」は1株で拒否権を発動できる株式なんです。ご長男が暴走しそうな時には、その拒否権で抑えることができます。社長が出資している株式の1株を黄金株に切り替えて、それ以外の株式をご長男に移転すればよいのです。

「黄金株」1株で拒否権を発動できるのか。それなら長男に株式を移転しても問題なさそうだな。さっそく検討してみよう。アドバイスありがとう。

着眼点 後継者へ経営権を譲った後も、後継者の采配が暴走しそうな時などに一定の歯止めをかけたい場合には、「黄金株」の導入は効果的です。本来、拒否権の発動は33.4%以上の株式で発動できるのですが、黄金株は1株で拒否権が発動できる株式なのです。

後継者が会社を引き継いだ後も、先代の経営方針や社訓などを守りながら、後継者が新たなビジネスを展開していくことで会社は発展していきます。歴史のある上場会社にも創業者の経営に対する方針や考え方が、いま現在でも受け継がれています。
　親族承継はその経営方針など、創業者の考えが引き継がれていくメリットがあります。一方で、後継者のなかには現代風にすべての方針を後継者自身の考えによって采配を行った結果、これまで会社を支えてきた役員や従業員との間に亀裂が生じてしまったというケースもあります。社内がグラつくと取引先や金融機関からの信用問題にもなり、会社の発展が望めなくなる可能性があります。
　後継者が暴走とも思える采配を「黄金株」1株の「拒否権」によって食い止めることができるのです。「黄金株」は後継者の会社運営をしっかり行わせるために効果があるのです。

■ 拒否権付株式（黄金株）の導入

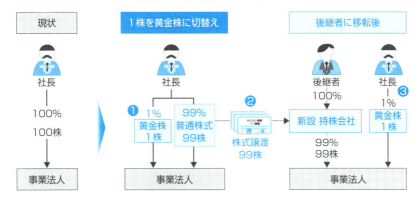

① 社長の保有株式のうち、1株を黄金株に切り替えます。
② 普通株式99％を後継者が出資する持株会社に譲渡します。
　 後継者の出資99％（議決権割合99％）で後継者が会社を采配する権限を持ちます。
③ 社長は黄金株1株を保有していますので「拒否権」を発動する権限を持ちます。また、相続により後継者以外の相続人に黄金株を相続されないように「遺言」で後継者に黄金株を相続させるようにするか、または「黄金株」＋「取得条項付株式」にしておけば、相続が発生した時に会社が強制的に買い取ることができます（取得条項付株式についてはP175参照）。

各種制度の活用

事業承継編 35　従業員持株会の活用

1

社長、先日ご依頼いただきました相続税の試算ができ上がりました。
相続税、すごく高かったですよ。自社株式の影響が大きいですね。

やはりそうか。前にも税理士から同じようなことをいわれたよ。でも会社の発展とともに自社株の評価が高くなるのは当たり前だからね。これだけは仕方ないよ。

2

会社が大きくなったのは従業員の皆さんが頑張ってくれたおかげもありますよね。その従業員の皆さんのために、福利厚生の観点から「従業員持株会」の設立をご検討されてはいかがでしょうか？　社長個人の財産圧縮にも効果が期待できますよ。

「従業員持株会」の設立？
福利厚生？
具体的にどういうことだい。

3

従業員の皆さんに会社の株式を持ってもらうことで、経営への参加意欲を高める効果と配当金による財産形成という目的が考えられます。株価は、通常、類似業種比準方式で算出するのですが、従業員持株会に譲渡する価額は、「配当還元価額」の安い価額で移転することができます。
結果として、社長個人の財産が減少することになり相続税の圧縮効果が期待できます。

なるほど。従業員の福利厚生にもなり、私の株式を安い金額で移転させるわけだから、それだけ財産が減って相続税も軽減できるというわけか。

4

そのとおりです。保有株式のうち何株を従業員持株会に移転させるかは、経営権の問題もありますので、税理士を交えて一緒に検討する必要があります。社長、ぜひ検討してみませんか？

そうだね。頑張ってくれている従業員のためにも福利厚生は大切だね。
一度検討してみるか。アドバイスありがとう！

着眼点　従業員持株会を設立する目的は、従業員のための福利厚生にあります。相続税を減少させる目的で設立することは避けてください。従業員のために行った対策が、結果として相続対策につながるということなのです。

1 従業員持株制度とは

会社がその従業員に自社株式を保有してもらうための制度で、その目的としては、
① 福利厚生の一環として従業員の資産形成を図ること
② 従業員の経営参加意識を高めること
③ 安定株主を形成すること

などが挙げられます。

2 従業員持株会の仕組み図

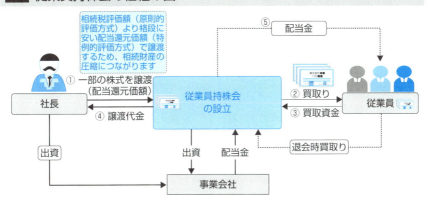

3 運営概要

① 従業員持株会は民法上の組合として設立する。
② 会員は株式を取得し、金銭を拠出する。
③ 株式の購入は配当還元価額。
④ 株式の配分は出資金に比例。
⑤ 株式は理事長名義で一括管理。
⑥ 議決権は理事長が一括して行使する。
⑦ 配当金は従業員個人の収入となる。
⑧ 退会時の買取価額は配当還元価額を参考とする。
⑨ 会員は、当該会社の社員と当該会社の子会社の社員とする。

　従業員持株会へ譲渡する割合に注意が必要です。3分の1超の株式を譲渡した場合、従業員持株会に拒否権を持たれることになります。3分の1超の株式を譲渡する場合には、「無議決権株式」の活用を検討しましょう。

関連ページ　129

各種制度の活用

事業承継編 36　中小企業投資育成株式会社の活用

1

社長の議決権割合が60％となっていますが、他の株主の方はどういう方なのですか？

先代の時の役員や従業員の方で、一生懸命頑張ってくれた気持ちに報いるために先代が株式を与えたらしいんだよ。私の代になってからは深いつながりはないんだけど、株主総会の時には同意をもらわないといけないから大切にしてるけどね。

2

株主総会の議案について同意を得るのにご苦労されているのですね。特別決議をスムーズに通すためにも、株式の買取りを考えてはいかがですか？

それが理想なんだが、なかなか言い出せなくてね。当社の発展を支えてくれた人たちだから、当社への思い入れが強くて簡単に手放してはくれないと思うよ。当社のことを思ってくれることには感謝しているよ。

3

御社のことを思ってくれる株主の方がいらっしゃるということはすばらしいことですね。
それなら「中小企業投資育成会社」を活用する方法がありますが、興味はございませんか？

中小企業投資育成会社を活用するとどうなるんだい？

4

中小企業投資育成会社宛に新株を発行することで、社長の議決権割合は低下しますが、中小企業投資育成会社は安定株主となり、議決権は経営陣に委任されますので、社長の権限を高めることができるのです。何より、増資により長期資金を無担保で調達でき、自己資本比率が改善し、信用力を高めることができます。

なるほど。中小企業投資育成会社を活用することで、そういうメリットがあるんだね。それなら株主の同意を得られそうだね。もっと詳しい話を聞かせてくれるかい。

着眼点　分散株主の話題から、特別決議がスムーズに決議できるかどうかを話題にしながら、3分の2超の議決権を確保する方法として、「中小企業投資育成株式会社」のメリットについて説明しています。

> ビジネス

1 中小企業投資育成株式会社とは

「中小企業投資育成株式会社法」に基づき設立された公的な投資育成機関です。中堅・中小企業が発行する株式・新株予約権付社債等の引受けにより長期安定資金を提供するとともに、コンサルティング・求人支援などトータルソリューションの提供により優良企業をサポートしています。

2 中小企業投資育成株式会社の導入メリット

① 増資により自己資本比率が改善され、信用力が上がります。
② 支払資金（議決権の半分まで引受けが可能）を長期安定資金として活用できます（無担保）。
③ 投資育成が安定株主（議決権は経営陣に委任）となり、経営の安定化を図ることができます。
④ 第三者割当により株価が薄まり、結果としてオーナーの株式の評価額が下がり、相続財産の圧縮につながります。

3 中小企業投資育成株式会社を活用した議決権割合の変動例

4 中小企業投資育成株式会社の投資スタンス

① 投資前の資本金の額が3億円以下の企業。
② 投資限度額は、通常1億円程度（超える場合は個別相談）。
③ 配当については、おおむね6～10%程度。
④ 保有期間は定めがなく、長期での投資スタンス。

各種制度の活用

事業承継編 37 事業承継税制：納税猶予制度の活用

1
社長の出資割合が45％なのに、株式が同族以外の30人に分散されていますが、なぜそんなに多くの方に分散されているのですか？

そうなんだよ。先代の時に、相続税がたいへんだから、財産を減らす目的で取引先や従業員に株式を分散してしまった経緯があるんだよ。そのおかげで私の出資割合が過半数を下回っているんだよ。

2
そういうことですか。後継者のご長男に会社を引き継ぐ時には集約したいですね。そうしないと、役員の選任や解任、特別決議も株主の方の賛同を得る必要がありますから、株主との面識が少ない後継者のご長男はたいへんになるのではないですか？

君の言うとおりだよ。株式を集約できればいいんだが、いまさら株式を譲ってくれともなかなか言えなくてね。

3
お気持ちはわかりますが、このままの状態では会社の経営に支障が出る可能性があります。ここは社長に会社のために株主の方と交渉していただきたいのです。それから、御社の株価は高いですから、社長の出資分だけでも評価額は10億円ぐらいになるのではないですか？ 相続税の納税対策は何か考えていらっしゃいますか？

納税猶予を活用する予定だから、相続税はそんなにかからないと思うよ。

4
社長、今の出資割合では納税猶予を受けることはできませんよ。納税猶予を受けるためには、社長と同族関係者で出資割合を50％超にしておかなければなりません。50％超になるように、分散している株式を買取りする必要があります。

そうなのかい。50％超保有していないと納税猶予が使えないんだ。それなら株主の数人からでも買取りをしないといけないね。さっそく、交渉してみるよ。

着眼点 株式が分散している場合は、納税猶予の要件を確認し要件整備をする必要があるかもしれません。そして後継者には過半数の株式を移転して、経営が安定するようにしてあげることが大切です。

平成30年4月1日から平成35年（2023年）3月31日までの間に特別承継計画を都道府県に提出した会社で中小企業における経営の承継の円滑化に関する法律第12条第1項の認定を受ける必要があります。相続または遺贈により取得した自社株式の取得した全ての株式について贈与税・相続税を納税猶予させる制度です。

事業承継税制の概要および要件（一部抜粋）

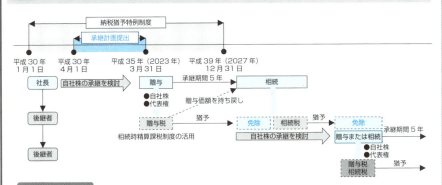

被相続人の要件

①会社の代表者または代表者以外（複数人可）
②先代承継で猶予を受ければ、全ての個人株主が適用対象（親族・親族外は問わない）
※代表者は平成39年（2027年）12月31日まで。代表者以外の者は5年間の特例承継期間内の申告期限到来分まで。

相続人の要件

①特別承継計画に記載された後継者であること（親族・親族外は問わない）
②特例認定承継会社の代表権を有すること
③後継者と同族関係者で総議決権数の過半数を有すること
④同族関係者のうち議決権を最も多くする者（後継者が2名または3名以上の場合には、議決権数が上位2名または3名の者（総議決権数の10％以上を有する者に限る））であること

認定会社の要件

①中小企業であること。
②非上場会社であること。
③資産管理会社でないこと。

納税猶予制度を活用する場合は、相続開始前に要件を満たしていなければ納税猶予を受けることができませんので、事前に要件を確認することが大切になります。納税猶予制度の要件として、雇用の8割維持（5年平均）など経営に一定の制限が設けられるなど制約がありますので慎重な判断が必要になります（雇用の8割を下回ったとしても当該要件を満たせない理由を記載した書類を都道府県に提出すれば納税猶予は継続される可能性があります）。納税猶予を検討する場合は、専門の税理士・弁護士等に相談の上、事前に要件の確認を行ってください。

相続対策

事業承継編 38 貸付金（貸借清算）

1
社長、決算書を拝見しましたが、社長個人から会社へ1億円の貸付金がございますが、貸付金はどのような理由で発生したのでしょうか？

ああ、貸付金ね。工場用地を買う時に貸し付けたんだよ。銀行から借りると担保とか保証人が必要といわれて面倒だったから、使わない私の預金を会社に貸し付けたんだ。うちみたいな中小企業は個人の延長みたいなものだからね。

2
そうでしたか。でも社長、貸付金は相続財産として課税の対象になってしまうんですよ。自社株の評価もありますから、万一の時には、多額の相続税が発生する可能性がありますが、相続税の納税は大丈夫なのでしょうか？

何を言ってるんだね。私はまだまだ死なないよ。もっと会社を大きくしないといけないんだから、相続のことなんてまだ早いよ！

3
社長にはまだまだ頑張ってもらわないと困ります。ただ、相続という問題は会社の経営にも大きく影響を及ぼすことがあるのです。ある後継者の方が相続税の捻出のため、会社から返済してもらい納税は済ませたのですが、その後、会社の資金繰りが悪化してしまったという会社があります。社長がここまで大きくした会社ですから、そのようなことがないように、元気な今のうちに対策を検討してみませんか？

そうか。今の経済状態もいつまで続くかわからないし、会社の業績が悪ければ、そんな余裕なんてないかもしれないね。

4
そうなんです。だからこそ早めに対処しておいたほうがよいと思うのです。貸付金を相殺する方法は、借入による返済、代物弁済、資本金に振り替えるなど方法はいろいろございます。御社にふさわしい方法を検討したいと思います。

君の言うとおり、個人と会社をはっきり区別しておいたほうがよさそうだね。
うちにふさわしい方法をアドバイス頼むよ。それをもとに税理士と相談してみるよ。

着眼点 個人から法人への貸付金は相続税の課税対象になります。納税資金の資金調達により会社の財務が悪化する可能性について説明しています。相続と会社は関係がないと思っている社長さんも多数いらっしゃいますが、そうではないことをよく説明しましょう。

ビジネス　融・預・生

　個人から法人への貸付金は相続財産となることから、貸付金が高額である場合、多額の相続税が発生し、納税資金の確保に苦慮することが考えられます。会社の資金で納税資金を確保しようとすると会社の財務を悪化させ、今後の運営に支障を来す恐れがありますので、貸付金は早期に解消するようにアドバイスしましょう。

1　金融機関からの借入による返済

・金融機関からの借入による返済は、一番簡単な手法です。

2　会社の保有資産による返済（代物弁済）

・事業用の土地による代物弁済を行うと、特定事業用宅地等に該当すれば小規模宅地等の特例（400㎡まで80％減額）により相続財産の圧縮効果が期待できます。

3　グループ法人税制を活用した返済

・A社所有の不動産を100％グループ法人のB社へ売却し返済資金を調達します。

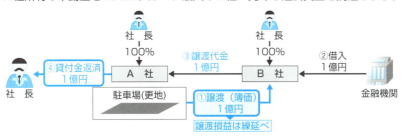

4　デット・エクイティ・スワップ（DES）の活用

・貸付金を現物出資し、資本に振り替える手法です。
・資本金が1億円を超えてしまう場合には、中小企業者に該当しなくなり、法人税の中小法人に対する軽減税率など種々の特例の適用が受けられなくなる可能性がありますので、慎重に判断する必要があります。

関連ページ　187・209

相続対策

事業承継編 39 返済見込みのない貸付金を資本に振り替える

1

社長個人から会社への貸付金が5億円ありますが、このままでは相続税がたいへんになるのではないですか？
会社から返済してもらうことは考えていないのでしょうか？

土地を売却した資金を会社に貸し付けたんだが、会社の業績が悪化したおかげで、返済しようにも返済する資金が調達できないんだよ。

2

そうですか。このままでは相続税の支払に支障が出ますね。

いまさら銀行に借入を申し込んでも累損があるようでは、銀行も相手にしてくれないよね。
どうしようもないんだよ。

3

社長、諦めるのはまだ早いですよ。返済できる見込みがなく、さらに累損があるなら、デット・エクイティ・スワップ（DES）をやりましょう。

なんだい、そのデットなんとか…というのは？

4

貸付金の5億円を現物出資して資本に切り替えるんですよ。そうすれば相続財産としての評価は株式に変わりますので、大幅に評価は下がると思いますよ。顧問税理士と相談してみましょう。

なるほど。どうせ返せないなら資本にする方法もいいね。これで相続税の心配はなくなるね。さっそく検討してみよう。

着眼点 貸付金は相続財産として100％評価されます。返済できるのであれば早期に返済するようにしましょう。また返済見込みのないまま放置すると相続税の支払に苦慮することになりますから、早めにDESを検討するようにしましょう。

ビジネス

　デット・エクイティ・スワップ（DES）は、会社の債務（デット）を会社の資本（エクイティ）へ交換（スワップ）する取引をいい、会社に金銭債務を有する債権者が、その金銭債務を債務者である会社に現物出資して、その対価として株式を取得するものです。貸付金がある状態で相続が発生すると、相続税が高額になり、相続税の支払に大きな支障が出ることになります。そこで、貸付金を今後どうするのか早急の決断が必要なのです。返済できる貸付金であれば返済し、返済する見込みが立たないのであれば、DESを検討するのもよいでしょう。

DES実行前

社長の資産	
預貯金	1億5,000万円
会社への貸付金	5億円
自宅	5,000万円
合計	7億円
相続税額	2億4,500万円
	納税資金不足

DES実行後

社長の資産	
預貯金	1億5,000万円
会社の株式	2億円
自宅	5,000万円
合計	4億円
相続税額	1億900万円
	納税可能

(注) 社長の当初保有株式の評価額は0円とする。

DES実行前

資産 12億円	個人からの借入金 5億円
	その他の負債 10億円
	資本金等 1億円
	欠損金 ▲4億円

DES実行後

資産 12億円	その他の負債 10億円
	資本金等 3億円
	欠損金 ▲1億円

＜貸付債権5億円の返済可能額の算出＞
資産12億円－負債10億円＝2億円と仮定

(1) 個人の貸付債権5億円を現物出資
(2) 会社：4,000株の新株を発行

・返済可能額2億円（時価）を資本金に組入れ
・貸付金5億円と時価との差額3億円に対する債務免除益は、税務上の繰越欠損金（4億円）との相殺により、法人税は発生しない。

＜DESによる増資の留意点＞
(1) 会社の資本等の金額が1億円超となる場合には、中小法人に対する法人税の軽減税率等の各種恩恵が受けられなくなり、事業税の外形標準課税の適用法人となります。
(2) 資本等の金額に応じて、法人住民税の均等割も増加する可能性があります。
(3) DESを検討する際には、顧問税理士等と十分相談の上、判断するようにしてください。

相続対策

事業承継編 40 　取得費加算の特例（金庫株）

1
このたびは、ご愁傷さまでございます。生前、会長にはたいへんお世話になりました。非常に残念でなりません。
ところで、会長は御社の株式を35％保有していましたが、社長が相続されるのでしょうか？

わざわざありがとうございます。会長も長生きしたから満足のいく人生だったと思うよ。
会長の株式は、私が相続することになっているんだが、相続税が心配なんだよ。

2
御社の株式の評価額は、かなり高かったですよね。会長の生前に何とかしたかったのですが、創業者である会長へ株式の移転の話をするのはできませんでした。

それは私も一緒ですよ。会社への思い入れは強かったですから、いくら話しても手放してはくれなかったと思いますよ。でも会長の保有株式を私が相続できるように、兄弟に事前に話してくれていたので感謝しています。

3
会長は会社の運営について、しっかり考えてくれていたのですね。
ところで、相続税ですが税理士の先生からはどれくらいかかると言ってきているのでしょうか？

まだ算出している最中なんだが、私の負担分で数億円の相続税がかかるらしいと言ってきているんだよ。
会長の資産には金融資産もあるんだが、姉や妹には金融資産を相続させる予定にしているんだよ。

4
相続した自社株を金庫株として会社に譲渡する方法があります。相続税の取得費加算の特例を活用でき、譲渡税が軽減されますので、検討してみてはいかがでしょうか？

そうか。会社に譲渡して現金化することを考えればいいんだね。
これで納税は何とかできるかもしれないね。税理士に相談してみるよ。いいアドバイスをありがとう。

金庫株で資金調達する場合、会社での買取資金が必要になりますね。当方に検討させてください。

着眼点　会長の株式をだれが相続するのか確認してから、金庫株による納税資金の調達方法を提案しています。相続税の取得費加算の特例は、相続した自社株式にも活用できる制度です。

納税資金の確保の手段として金庫株による調達がありますが、金庫株は会社の財務を悪化させる要因になる可能性があり、会社の経営と相続の関係は切り離すことはできないのです。相続の発生によって会社の経営が不安定にならないために、生前に相続税額を把握し、納税財源を確保することが望ましいといえます。

1 相続した株式を金庫株化した場合の特例

① 相続により取得した財産のうち、非上場株式を相続開始後「3年10カ月以内」にその発行会社に金庫株として譲渡した場合、譲渡した株式数のみに対応する相続税額を譲渡益から差し引くことができます。

$$\text{取得費に加算する金額} = \text{相続税額} \times \frac{\text{譲渡資産の相続税の課税価格}}{\text{相続税の課税価格（債務控除前）}}$$

② 相続した株式を発行会社に譲渡する場合、相続財産に係る株式をその発行した非上場会社に譲渡した場合のみなし配当課税の特例が使えるため、みなし配当課税（最高税率55％）ではなく、譲渡税（20％）となります。

2 金庫株を行った後の出資割合に注意！

・株式が分散している場合には、経営権の確保を考える必要があります。
相続税を支払うために、社長だけが金庫株を実施した場合、他の株主の出資割合が上がり、重要事項の決定に支障を来す恐れがありますので、金庫株を行う株式数は慎重に判断する必要があります。

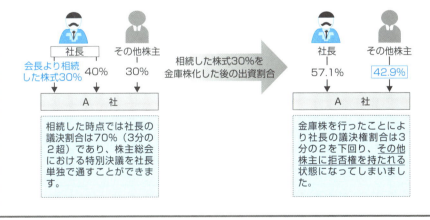

相続対策

事業承継編 41 — 遺言の活用（事業用資産の財産分与）

1

社長、ご長男（後継者）へ株式移転の準備を考えられてはいかがでしょうか？ 事業承継は数年かかりますから、早めの準備が必要かと思われますが、いかがでしょうか？

子どもへの株式移転は、まだ早すぎるよ。年は取っても、まだまだ自分で会社を発展させていかないといけない。譲る気はないよ！

2

社長はお元気でいらっしゃいますから、まだまだ会社の発展のために采配を振るっていただかないといけないのですが、将来、後継者のご長男に安定した経営をしていただくために議決権を確保してあげなくてはなりません。将来の会社の発展を考えるのも、社長の重要なお仕事だと思うのですが。

会社を継ぐのは長男と決まっているんだ。会社の経営についても教育しているから、その辺は大丈夫だよ。

3

はい。ご長男は会社の経営については、今も采配をしているようですから心配はないと思います。しかし、社長が100％株式を保有している状態で、社長に万一のことがあった場合、相続により株式が分散するのではないか心配なのです。ある会社では兄弟に均等に分散され、後継者の方が采配にご苦労されているという話を聞きます。

そうなのかい。うちは大丈夫だと思うんだが…。「備えあれば憂いなし」か。
子どもの代になった時に、会社がグラついたら従業員も心配するだろうなあ。何かよい方法はあるのかい。

4

はい。遺言を作成することをお勧めいたします。後継者には自社株や会社の経営に必要な事業用不動産等を相続させ、後継者以外の方には、遺留分を侵害しないように財産分与を考えなくてはなりません。けっこう、たいへんなことかもしれませんが、将来の会社の安定のために、私もご協力させていただきます。

会社の将来のためにも考えてみるか。まずは財産を書き出してみないといけないね。それができたら相談に乗ってくれるかい。

着眼点　相続によって株式が分散する可能性に焦点をあてて話をしています。後継者の代になっても経営を安定させるために、遺言によって後継者に株式を相続させ、後継者以外の相続人に対しては遺留分を侵害しない内容の遺言を作成する重要性を説明しています。

経営者の多くは、自分が元気なうちは後継者への株式移転は考えたくないと思っている方が多いようです。

実際、65歳を過ぎた経営者の方に事業承継の話をしただけで怒られてしまった、という経験をした人もいることでしょう。

相続によって自社株式を後継者に引き継ぐことを考えている経営者にとって必要なことは、「遺言」を作成し、会社の安定のために後継者へ経営権の確保や事業用資産を相続させることなのです。

1 後継者へ相続させたい最低限の財産

① 自社株式3分の2超（特別決議が可能）
② 事業用不動産（本社ビル、工場など）
③ 納税資金（金庫株により納税資金の確保も検討できます）

2 後継者以外への財産分与

相続人は、相続財産を民法で定められた法定相続分を相続する権利を有します。遺言がないと自社株式や事業用不動産を後継者以外の相続人に相続され、会社の経営が不安定になる場合があります。

① 遺留分を侵害しないように遺産分割を考える
② 納税資金（現金等がない場合は、納税資金分の自社株式を相続させ、金庫株により納税資金を調達する方法も検討できます）

3 自社株式でもめたケース

自社株式も売却すれば金銭になります。自社株式を相続した後継者以外の相続人から高値で株式の買取りを要求され、会社の財務が悪化してしまったというケースや配当金の支給に対して口を挟んでくるケースなどがあります。

4 事業用不動産でもめたケース

後継者以外に事業用不動産を相続されてしまったことで、高額な賃料を要求されたり、また、それに応じない場合、立ち退きを要求され売却されてしまったというケースが起きています。

上記の3、4のようなトラブルを未然に防ぐ方法として「遺言」は大切なのです。

相続対策

事業承継編 42 遺言の活用（遺言執行者の指定）

1

後継者の方に、自社株や事業用不動産を相続させる一方で、後継者以外の相続人への財産分与を考えてみる必要がありますね。

そのことだったら、もう考えているよ。公証人役場で遺言を作成しようと考えていたところだよ。

2

公正証書遺言をお作りになるのですね。それはよいお考えですね。ところで社長の取引金融機関はメガバンクや地方銀行、証券会社、郵便局など多くありませんか。取引金融機関が多い場合には遺言執行者を指定するとよいのですが、お考えですか？

遺言執行者？　それどういうこと？

3

遺言を作成していても、相続が発生した場合は、金融機関での相続手続が必要になります。取引金融機関が多くなればなるほど、その手続がたいへんになるのです。その点、遺言執行者を指定しておけば、すべての手続を遺言執行者が行ってくれますので、相続手続が迅速かつスムーズに行うことができます。

なるほど。父が亡くなった時も、金融機関の手続で苦労した経験があるよ。仕事をしながらだから、なかなか手続が進まなくてたいへんだったよ。

4

金融機関の中には、遺言の作成サービスから遺言の執行までを行ってくれる金融機関もあります。公証役場ですと遺言執行者をだれにするのかを考え、その方に頼まなくてはなりません。遺言執行者の方を選ばれるのがたいへんでしたら金融機関の遺言サービスを利用するとよいかもしれません。

なるほど。銀行にもそのようなサービスがあるんだね。銀行にするかどうか考えてみるよ。
遺言執行者のことを教えてくれてありがとう。

着眼点　遺言を作成する場合、遺言執行者を指定しておくことのメリットを説明しています。遺言があっても相続手続は相続人が行わなくてはなりません。遺言執行者を指定しておけば、相続手続の煩わしさから解放されることになります。

「遺言」によって、被相続人の意思に基づいて財産分与をすることができますが、金融機関での相続手続は相続人が行います。

経営者の中には、取引金融機関（メガバンク・地方銀行・信用金庫・証券会社・郵便局等）が10機関以上という方もいるのではないかと思います。相続手続が完了するまで1行当たり最低3回は窓口に行かなければなりません。10機関ですと、30回にもなります。これだけの回数を配偶者（高齢）や会社の経営で忙しい後継者の方が金融機関を訪問し、相続手続を行うのはすごくたいへんなことなのです。

その点、「遺言執行者」を指定しておくことで、相続手続は「遺言執行者」の方が行いますので、相続手続の煩わしさから解放され、迅速かつスムーズに相続手続を行うことができます。

1 公証役場での遺言書の作成

公証役場で遺言書（公正証書）を作成し遺言執行者を指定する場合は、遺言執行者をだれにするのかを決め、その方に頼まなければなりません。一般的には弁護士、司法書士、税理士等の日頃からお付き合いのある方に頼むケースがありますが、遺言執行者が先に亡くなるリスクがあります。

2 金融機関での遺言書の作成

金融機関の中には、遺言書の作成サービスを行っている金融機関があります。金融機関は遺言書を作成するためのお手伝いとして財産分与や文案についてアドバイスをしてくれます。文案ができ上がれば公証役場で公正証書の作成を行います。

遺言の執行は金融機関が行いますので安心です。

3 自筆証書遺言の注意点

「自筆証書遺言」で作成しているという経営者の方も多くいます。自筆証書遺言の作成には手間がかからず、いつでも書き直せるという手軽さがあります。

反面、自筆証書遺言は、①不動産の明細、②日付、③訂正、④加筆などの記入方法が決められており注意しなければならない事柄がたくさんあります。これらの記入方法が間違っていたり、あいまいな記入になっていたりした場合、遺言自体が無効になったり、争いごとに発展したりするケースがありますので細心の注意を払う必要があります。

また、自筆証書遺言が紛失したり、ある相続人によって破棄されたりするリスクもあります。

相続対策

事業承継編 43　本社ビルの移転を相続対策に活用する

1

社長、本社ビルの移転をお考えだとお聞きしましたが、どちらにいつごろ、移転されるご予定ですか？

本社ビルが郊外にあると、取引先が訪ねてくるのもたいへんだし、渋谷・新宿周辺で探しているところなんだよ。銀行のネットワークを使ってよい物件があったら紹介してほしいんだ。予算は7億円以内で頼むよ。

2

わかりました。業者によい物件があったら社長に情報を提供するように話しておきます。
ところで本社ビルですから、当然、会社名義で購入されるんですよね。社長個人名義での購入はお考えではないですか？

当然、本社ビルだから会社で購入するつもりだよ。○○銀行から借入を迫られているよ。私個人で購入すると何かメリットがあるのかい？

3

小規模宅地等の特例が改正されて、自宅と事業用の土地の両方について大幅な減額を受けることができるようになったんです。社長は事業用の資産をお持ちではないですから、本社ビルの土地だけを社長個人名義で購入すると、相続税の軽減が図れるメリットがあるんですよ。

事業用の資産を保有するとそんなメリットがあるんだ。株式の評価だけでも相続税がたいへんなんだよね。でもけっこうお金かかるよね。

4

ご資金の負担は多額になりますが、自社株式の一部をご長男に譲渡したご資金で購入を検討されてはいかがでしょうか？　現金は100％評価されますが、その現金を本社ビルの敷地に替えれば、相続税の圧縮につながります。

なるほど。
譲渡したお金は相続税の支払にあてるつもりだったんだよ。その一部を土地に替えれば節税になるわけだ。税理士を交えて検討してみるよ。借入も必要になるから、その時は君にお願いするよ。教えてくれて感謝するよ。

着眼点　「小規模宅地等の特例」の改正は、事業を営んでいる経営者にとって大きなメリットがあります。本社の移転というタイミングで、小規模宅地等の特例を最大限活用するメリットについて説明することで取引拡大につなげています。

ビジネス　融

会社の経営者が、事業用不動産を所有していない場合、事業用の土地を取得することで「小規模宅地等の特例」により、相続財産の大幅な圧縮効果が期待できます。

1 小規模宅地等の特例の概要 ※

利用区分	限度面積	減額割合
特定居住用宅地等	330㎡	▲80%
特定事業用宅地等	400㎡	▲80%
貸付事業用宅地等	200㎡	▲50%

特定居住用宅地等と特定事業用宅地等は併用適用が可能で最大適用面積は730㎡となります

※ 小規模宅地等の特例は、それぞれの利用区分ごとに適用要件があります。

2 預貯金で特定事業用宅地等を購入した場合の相続財産圧縮額

＜前提条件＞
- 預貯金4億円（個人預金）
- 購入する土地：面積 400㎡、路線価100万円、個人名義で購入

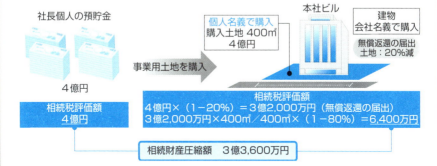

このように、個人名義で事業用の土地を購入すると、「土地の無償返還に関する届出書」による減額（20%減）および特定事業用宅地等として小規模宅地等の特例が活用でき、相続財産の圧縮効果が期待できるのです。この効果は、会社がすでに所有している事業用の土地を購入する場合でも享受することができますが、経済的合理性が認められない場合は当局より否認される可能性がありますので、専門の税理士・弁護士等と相談のうえ、判断するようにしてください。

相続対策

事業承継編 44 — 本社ビルを社長個人が所有している場合

1

社長、こちらの本社ビルの土地・建物は社長個人の所有になっているのですね。

そうだよ。この土地と建物は相続で受け継いだものなんだよ。

2
社長の役員報酬だけでも所得税率は最高税率ですよね。そこに、さらに会社から家賃収入を得ていますから、所得税の負担が重いのではないですか？

そうなんだよ。所得税率が上がったから、さらにたいへんになったよ。だからといって仕方がないよ。

3

会社で使っている建物ですから、建物だけを会社に売却したらいかがでしょうか？ 法人税のほうが税率が低いですから、全体で考えたら税金の負担を抑えることができますよ。それと売却代金を相続税の納税資金として確保することができます。

なるほど。今のままじゃ半分以上税金で納めているからな。でも建物だけを会社に売却したら借地権が発生するから、土地も会社に売却したほうがいいのかね？

4

社長、土地の譲渡はなさらないほうがよろしいかと思います。土地を譲渡すると譲渡税の負担が発生するのと、事業用の土地は小規模宅地等の特例で相続財産の圧縮効果がありますから、社長個人で所有されたほうがメリットがあります。それと借地権の件ですが、「土地の無償返還に関する届出書」を税務署に提出すれば借地権は発生することはありません。

そうなのかい。君は何でも知っているんだね。
それじゃ、建物だけを考えればいいんだね。税理士と相談してみるよ。建物の買取資金の融資は頼むよ。

着眼点 本社ビルを個人で所有している経営者の所得税率は最高税率の可能性があります。そこで、建物のみを売却することで一族全体の税負担を軽減する方法を説明しています。

事業会社の申告書・決算書から①社長の役員報酬と②本社ビルの所有者を確認しましょう。社長個人が所有している場合は、「地代家賃」として支払われていますので、この①と②の項目を確認すれば、トーク例のようにビジネスに直結します。

1 一族全体を考えた法人と個人間の売買による税負担の軽減

法人税については、今後も税率の引下げが予定されており、さらなる税率格差が生じる可能性が高いと思われます。

2 資産管理会社を活用した税負担の軽減

相続対策

事業承継編 45 — 種類株式を活用した財産分与

1
前期、株価対策を行ったことで株式の評価額が10億円から6億円まで下がりましたね。いよいよご長男に引き継がれるのですね。なんだか寂しくなりますね。

私も年を取ったからね。長男が事業を継いでくれて本当によかったよ。これで私は隠居生活を楽しむことにするよ。

2
社長、ところで事業はご長男の方が継がれますから株式はご長男に移転されますよね。そのほかに社長が所有している事業用の不動産もご長男の方に引き継がないと、将来、兄弟間でトラブルになる可能性が考えられますが、事業用不動産はどなたに引き継がれるのですか？

事業用の不動産まで長男に継がせると、配分にかなりの格差がでるから、それこそ長女や二男との間でトラブルになってしまうよ。

3
それなら、自社株の一部を「無議決権株式」に切り替えて、その株式を長女と二男の方に相続させるのはいかがですか？「無議決権株式」ですから経営権に影響を及ぼすことはありません。そして配当金を毎年もらえますから、きっと喜ぶと思いますよ。

それはよい考えだね。そうすれば事業用の不動産を長男に相続させても遺留分を侵害することもないから安心だね。

4
普通株式と無議決権株式に切り替えたうえで、普通株式を長男の方に移転しましょう。無議決権株式と事業用の不動産は「遺言」を活用して、それぞれに残すようにすれば安心ですよ。税理士に頼んで何％の株式を無議決権株式に切り替えるか試算してもらいましょう。

君のアドバイスのおかげで安心して隠居生活がおくれそうだよ。株式の譲渡代金は君の銀行に預けるよ。何か運用してほしいんだろ。

着眼点　事業承継を考える場合、後継者以外の相続人に対する財産分与を合わせて考える必要があります。種類株式を活用することで、会社の経営を安定させ、後継者以外にも自社株式で相続させることができます。

後継者に事業を承継する時（株式の移転前）に検討すべき点は、後継者以外の相続人に対する財産分与をどうするかという点です。

後継者には、会社の経営が安定するように「自社株の承継」と、個人が所有している「事業用の不動産」を承継することになります。そうなると後継者以外の相続人への財産分与が少なくなり「遺留分を侵害」する可能性が高くなり、遺留分の減殺請求を起こされるなどのトラブルが想定されます。

そのようなトラブルにならないように、自社株式の一部を「無議決権株式」に切り替え、その株式を後継者以外の相続人に相続させることでトラブルを回避する方法があります。

■ 無議決権株式を活用した財産分与

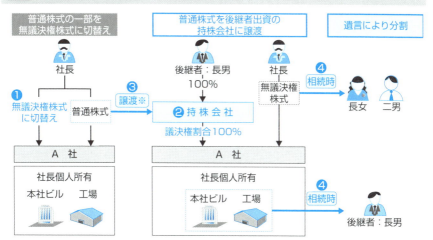

※ 持株会社へ譲渡した株式は遺留分の計算の対象とはなりません。

① 社長が出資している普通株式の一部を無議決権株式に切り替えます。
② 後継者出資の持株会社を設立します。
③ 普通株式のみ後継者出資の持株会社に譲渡します。
この時点で事業会社A社に対する後継者（長男）の議決権割合は100％となります。
④ 遺言によって、無議決権株式を長女と二男に、事業用の不動産を後継者（長男）に相続させます。無議決権株式には議決権はありませんが、配当金を受け取る権利やA社や持株会社に株式を売却することで現金化することもできます。

相続対策

事業承継編 46　財団を活用した社会貢献と相続対策

1

社長、御社の株式評価額を見てビックリしました。総額で100億円もするのですね。後継者への承継や相続税がたいへんですね。

そうなんだよ。
会社がここまで大きくできたからうれしいんだけど、株価がこんなに高いと対策のしようがないんだよ。

2
社長は以前から教育や社会福祉への貢献に興味を持たれていましたね。
それなら財団を活用する方法がありますよ。自社株を寄附してその配当で社会貢献をするための資金とするんです。相続財産を減らしながら社会貢献ができるんです。

なるほど。
一石二鳥だね。でも寄附すると税金はどうなるんだい？

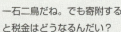

3

一般財団に寄附すると、時価での譲渡とみなされ譲渡税が発生するのですが、社会貢献への寄与など一定の条件を満たし国税庁長官の承認を受けることができれば非課税となります。承認を受けるのは簡単なことではありませんが検討する余地はあると思います。

国税庁長官の承認を受ける必要があるんだ。それはたいへんそうだね。でも社会貢献ができて相続財産を減らせるのなら検討してみるか。

4

手順としまして、まず一般財団を設立し、後に公益財団に移行したうえで、相続財産を相続した相続人が公益財団に寄附することで、その財産に係る相続税を非課税にすることができます。財団に詳しい税理士や弁護士と相談して準備しましょう。

社会貢献は私の夢だったからね。財団の設立を検討してみるよ。財団に詳しい税理士を紹介してくれないかい？

着眼点　非上場会社でも自社株の評価額が何十億、何百億円といった会社があります。あまりにも株価が高過ぎると通常の対策では追いつかないことがあります。オーナーが社会貢献に興味があれば財団を活用した対策を検討できるのです。

> ビジネス

　財団を活用した相続対策を検討する場合、相続税を減らすことだけを考えた対策であってはいけません。
　財団の設立の目的は、あくまで「社会貢献」です。社会貢献のために財産を移し、結果として税金についてメリットが生まれると考えたほうがよいのです。
　財団が社会貢献の活動をするためには、安定的な収入源が必要になります。オーナーの場合、自社株式を保有しており、その自社株式を財団に寄附することで、その株式からの配当によって安定的な収入を得ることができ、社会貢献の活動費用に充当できるのです。社会貢献の活動ができるくらいの配当を毎期支給できるような業績でないと無理が生じますので、この辺りもしっかり検討する必要があります。

■ 財団設立スキーム

一般財団の設立

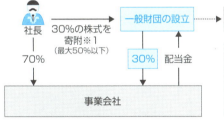

※1　一般財団法人の場合、社長にはみなし譲渡課税（20％）が発生します。
　　公益財団法人の場合、租税特別措置法40条の適用を受ければ非課税となります。

公益財団に移行※2、3

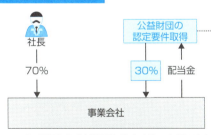

※2　最初から公益財団を設立することができないため、一般財団を設立した後、公益財団の認定要件を取得し、公益財団に移行します。
※3　公益財団の認定要件を満たさなくなった場合や解散した場合には、公益目的財産残額が国・地方公共団体・他の公益法人などの第三者に移ることになります。

相続対策

事業承継編 47 　　**事業保険を活用した納税資金準備**

1
社長、〇〇会社の社長とは親しい間柄でしたよね。
先日、突然お亡くなりになったとお聞きしましたが…。

そうなんだよ。心筋梗塞らしいんだ。3週間前に一緒にゴルフをしたんだが、その時は元気だったのに信じられんよ。私と同い年だよ。人生はいつどうなるかわからないもんだね。私も気をつけないとね。

2
本当にそうですね。社長は会社の経営でいつも忙しくしていますから、お体には気をつけてくださいね。ところで、〇〇会社の社長さんの件もありますし相続に関して何か対策をされていらっしゃいますか?

会社の経営が忙しくて相続のことなんか考えたことないよ。その前に、子どもに事業をしっかり引き継がないといけないしね。経営者としての教育をしているところだから5年後を目途に考えているんだよ。だから相続はその次だよ。

3
社長、事業承継と相続は切り離せないんですよ。相続の失敗によって会社経営がグラつくこともあるんです。後継者へは経営権を引き継がないといけませんし、株価が高いと相続税の納税資金が不足する可能性がありますから資金調達がたいへんになるんです。

〇〇会社の社長の件もあるからな。いつどうなるかわからないから対策はしておいたほうがよいのかもしれないね。具体的に何かよい方法はあるのかい?

4
後継者への株式移転は、まだ先の話ですから、中長期的な対策を検討してみます。その前に納税資金を確保する方法を検討してみましょう。自社株の評価額が高いと相続税も高くなり、納税資金が不足します。その資金を金庫株で調達できるように、会社で事業保険に加入する方法はいかがでしょうか?

相続税は金庫株で調達するしかないかもしれないね。その時に会社に資金がないと金庫株もできないからな。それを事業保険の保険金で賄うわけだね。

着眼点 オーナーが自社株式を保有したまま相続が発生した場合の納税資金に焦点を当てています。自社株の評価が高いと手持ちの現預金で納税資金を賄えず、金庫株による調達が必要になりますが、その資金を事業保険で賄うことで会社の経営を安定させることができます。

ビジネス　事業保険

　事業承継と相続は別物と考える方がいますが、実は密接な関係があるのです。相続発生前に後継者に株式を移転させ、自社株を現金化している場合は、納税資金に困ることはありません。

　しかし、後継者に株式を移転する前に相続が発生してしまうと、自社株の評価が高過ぎて、多額の相続税がかかる可能性があります。

　そうなると現預金では相続税を納税することができず、発行会社に自社株の一部を譲渡（金庫株）して納税資金を調達する方法が考えられます。

　その場合、問題となるのが会社に資金があるかという問題です。そもそも会社のお金は、運転資金や事業拡大のための設備投資を行う資金だったりします。相続税の納税用として確保しているお金ではないのです。

　その運転資金や設備投資の資金で株式を買い取れば、会社の経営は揺らぐことになります。

　そうならないために、事前に「事業保険」に加入し、金庫株をスムーズに実行できるように準備しておくことが大切なのです。

■ 事業保険による金庫株スキーム

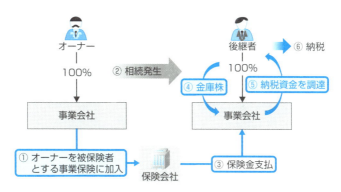

① 事業会社がオーナーを被保険者とする事業保険に加入します。
　 保険料の一部または全額を会社の経費として算入することができます。
② 相続発生により後継者が自社株を相続します。
③ 相続発生により保険金が事業会社に支払われます。
④ 保険金で金庫株（譲渡税20％）を行います。
⑤ 金庫株の譲渡代金を支払います。
⑥ その資金で相続税を納税します。

関連ページ　189

相続対策

事業承継編 48　自社株式の物納

1

社長、会長（父）の出資割合が30％で評価額にして5億円になりますが、相続税の負担がたいへんなのではないですか？

そうなんだよ。その株式を私が相続して出資割合を100％にすることになっているんだが、納税資金がないんだよ。会長は体が弱ってきているから、早く対策を決めないとたいへんなことになってしまうよ。

2

それはたいへんですね。納税資金を確保する方法として、相続した自社株を会社に譲渡する金庫株が考えられます。それなら大丈夫だと思うのですが。

金庫株も考えたのだが、今は会社の事業の拡大で資金が必要な時期なんだよ。そんな中で、相続税を会社の資金で調達するのは厳しいんだ。ある社長から、自社株を物納する方法があると聞いたのだが、どうなんだろうね。

3

たしかに自社株を物納する方法もありますが、社長の役員報酬は1億円を超えていますから物納ではなく延納になる可能性が高いと思われます。物納の判断は相続人ごとで判断しますから、遺言で社長のお子さんに相続させれば物納できる可能性があります。

そうか。私は収入が多いから物納はむずかしいのか。子どもに事業を継がせるかわからないのに、株を相続させても大丈夫なのだろうか？

4

物納した自社株は、原則として競争入札で処分されるのですが、その前に買受けの打診がありますから1年以内に買い戻すことができます。その場合に資金が必要になりますが。そしてお子さんが物納しなかった株式は「無議決権株式」に切り替えるなど対策するとよいかもしれません。

1年後の買戻しなら事業の拡大で業績も伸びているだろうから資金を捻出できるかもしれないな。その方向で税理士と相談してみるよ。君がうちの担当で本当によかったよ。いつもありがとう。

着眼点　相続税の納税方法に「非上場株式による物納」があります。物納された株式は、原則として競争入札で処分されてしまい、好ましくない株主に取得される懸念があるため、収納日から1年以内に買い戻す資金を準備しておくことが重要です。

自社株式の評価額が高額である場合、相続税の納税資金を確保するのがむずかしくなります。納税財源が不足する時に検討されるのが金庫株による調達ですが、会社の財務内容が厳しい状態では金庫株を行うことはできません。そこで「非上場株式の物納」を検討する場合、各種要件がありますので事前に確認することが大切です。

1 納税順位

非上場株式は物納財産の第2順位に該当しますから、非上場株式を物納するためには、
① 金銭での一括納付ができない
② 延納できるほどの収入がない
さらに、
③ 物納の第一順位である国債や不動産等がない
場合で、さらに下記A）〜C）の要件を満たす必要があります。
A）直近2期の総資本経常利益率、売上高経常利益率および総資本回転率のいずれか2指標が「法人企業統計調査」の同業種直近2カ年平均比率を超えていること
B）直近2期の税引後当期純利益がプラス、かつ直近2期の配当可能利益があること
C）A）とB）に非該当でも、物納株式を買い戻す者（随意契約適格者※）がいる場合
※「随意契約適格者」とは、主要株主、役員、当該株式発行会社、継続的取引関係者等です。ただし、物納申請時に必要な手続書類を提出する旨の確約が必要です。

2 物納後

　通常、物納非上場株式は、国から随意契約適格者に買受けの打診があり、買受け意向がなければ、原則年1回以上の競争入札により処分されます。そのため1年以内に買戻しするための準備（資金調達）が必要になります。

3 物納できない非上場株式

① 質権や担保目的となっている株式
② 譲渡制限株式
③ 所有権係争中の株式
④ 共有財産（共有者全員が物納申請を認めているものは除く）

相続対策

事業承継編 49　医療法人の出資持分の放棄

1

先生の医療法人は、「出資持分あり」の医療法人なのですね。
今は「出資持分あり」の医療法人は設立できないとお聞きしましたが本当ですか？

ああ、そうだよ。
出資金の評価が高くなると、相続税などの資金調達で病院経営がグラつくことがあってね。安定的に病院経営ができるようにとの考えなんだよ。病院がなくなると地域の人たちが困るからね。

2

そういうことなんですね。ロビーにはたくさんの患者さんが待っていましたから、地元に病院がなくなったら特に高齢者の方は困りますよね。
お父さまの相続の時もたいへんでしたね。今でも出資金の評価は高いのではないですか？

そうなんだよ。
病院は配当金が出せないから、内部留保が厚くなってしまう関係で、それなりの評価額になってしまうんだよ。私の相続の時には、父の相続の時みたいに苦労するかもしれないね。

3

相続が起きるごとに相続税で悩まされるわけですね。それはたいへんですね。それなら、出資持分を放棄されて「出資持分なし」の医療法人に移行されてはいかがでしょうか？　そうすれば相続税に悩まされることはなくなりますよ。

出資持分を放棄したら税金の負担がたいへんになるんだよ。そう簡単にはできないよ。

4

たしかに税金の負担はあります。しかし、出資持分を放棄した場合は、医療法人に贈与税が課せられますが、医療法人が一度だけ贈与税を支払うことで済みます。一方、このまま出資金を保有したままでは、相続のたびに多額の相続税を支払わなければなりません。贈与税の負担と相続税の負担を比較して検討されてはいかがでしょうか？

たしかにそうかもしれないね。贈与税と相続税の負担を比較して検討してみるか。医療法人に詳しい税理士を知っていたら紹介してくれないかい。

着眼点　医療法人は配当金の支給が認められておらず、内部留保が厚くなり出資金の評価が高くなる傾向があります。そのため相続が発生するごとに多額の相続税に悩まされています。その解決策として「出資持分の放棄」が考えられるのです。

現在、社団医療法人の設立は「出資持分なし」の設立しか認められておりません。「出資持分あり」の社団医療法人は平成19年4月1日以前に設立された医療法人になります。「出資持分あり」の社団医療法人は、配当金の支給が禁止されているため、利益は蓄積され、純資産の額が厚くなることで出資金の評価が高くなり、相続税が高額になっていることが想定されます。そのため、相続が発生するごとに相続税の負担に悩まされ、資金調達から病院の経営が不安定になったりする可能性が考えられるのです。その悩みを解決する方法として「出資金の放棄」が考えられます。

1 出資持分の放棄

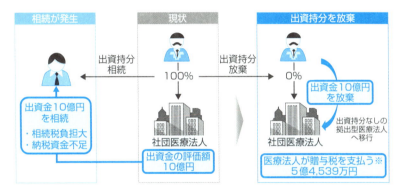

出資金を放棄すると、医療法人に贈与税が課せられます。

出資金が10億円の場合、贈与税は約5億4,539万円と高額になりますが、相続税の悩みから解放されるメリットがあります（相続財産が10億円で相続人が子1人の場合の相続税額は4億5,820万円となります）。

※「出資持分なしの拠出型医療法人」に移行する際、一定の要件（同族経営ができない。残余財産は国・地方公共団体等に帰属するなど）を満たすものについては贈与税が課せられませんが、その一定の条件をクリアするのはハードルが高くなっています。「持分の定めがない医療法人」へ移行をした日以後6年を経過する日までの間に移行計画の認定要件に該当しなくなった場合には、当該医療法人を個人とみなして贈与税が課せられます。詳細につきましては専門の税理士に確認するようにしてください。

2 社団医療法人の議決権

社団医療法人は事業会社と違って、出資割合と議決権はまったく関係ないのです。社団医療法人には「社員」という方がいて、その「社員」1人に議決権が「1つ」割り当てられているのです。

その他

事業承継編 50　グループ法人税制の活用

1

持株会社のA社が毎期利益を計上している中、子会社であるB社（事業会社）の業績は芳しくありませんね。

そうなんだよ。B社の売上はそんなに減少していないんだが、A社から借りている土地の賃貸料が重荷になっているんだよ。

2

たしか、毎年1億円の賃貸料をA社にお支払していますね。社長、B社の株主はA社の100％出資の関係ですからグループ法人税制を活用して業績の立て直しができるかもしれません。

グループ法人税制？それを活用することで業績が立て直せるのかい？

3

B社が借りている土地をA社から買い取るのです。そうすれば毎年の賃借料がなくなりますからB社の業績は格段に改善しますよ。

そんなことをしたらたいへんだよ。あの土地の含み益は3億円ぐらいあるから譲渡税がかかるじゃないか。それと買取資金も借入しないといけなくなるから返済も生じるしたいへんになるよ。

4

グループ法人税制を活用することで資産の移転にかかる損益は繰延べされますのでご安心ください。借入の返済負担については、売却代金の一部をA社から寄附してもらい借入額を少なくする方法が検討できるのです。寄附金についても税金の心配はいりません。ただし債権者の同意を得ることが必要になります。社長いかがですか？

グループ全体で、うまく資産を活用する方法があったんだね。税金が繰延べできることや寄附金を活用する方法なんて思いつかなかったよ。さっそく、税理士と相談してみるよ。

着眼点　グループ会社各社の業績を分析して、業績が落ち込んでいる会社の話題に踏み込んでいます。そして、その会社の業績の重荷になっている要因を把握し、その解決策としてグループ法人税制の活用について説明しています。

グループ会社間の権利関係や資金の流れを把握することで、いろいろな問題点や改善点を見つけることができます。その解決策を提案するようにしましょう。

1 グループ法人税制を活用したスキーム

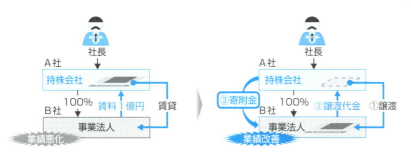

100%出資関係にある法人間では資産の譲渡損益は繰延べとなり、寄附金に対する損金・益金は不算入となります。

これを活用し、賃借料が重荷になっていた事業会社に賃貸していた不動産を譲渡（①）することで、賃借料の支払をなくし事業会社の業績を改善させます。事業会社は譲渡代金（②）の支払に際し借入等で資金調達を行いますが、その資金負担が重い場合は、譲渡代金を持株会社から寄附（③）してもらい、借入金の一部を返済し借入負担を軽減することも検討できます（債権者の同意が必要）。

2 100%グループ法人税制の資本関係

（1）資産の譲渡損益について繰延べとなる資本関係。

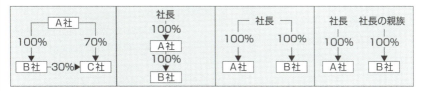

（2）寄附金に対する受贈益の損金・益金が不算入となる資本関係。

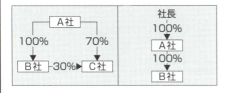

信託の活用

事業承継編 プラスα1 | **信託を活用した後継者への自社株式の贈与**

1

社長、前期は特別損失の計上で所得が大幅に落ち込んでしまいましたが、今期はまた元の水準に戻りそうですね。

前期の特別損失は仕方なかったんだよ。今期はいつも通りの利益が出せそうだよ。以前より少し上振れするかも知れないよ。

2

そうですか。それは良かったです。ところでご長男への承継は数年後に行うとお聞きしておりましたが、前期に特別損失を計上されたことで、自社株式の評価が下がっています。この下がっているタイミングでご長男へ自社株式の移転を考えられては如何でしょうか？

何を言っているんだ。私はまだ現役で頑張るんだよ。経営権を長男に譲るのは、まだ早すぎる！

3

社長のおっしゃる通りです。実は経営権を確保しながら、財産権のみをご長男に渡す方法があるのですがご存知ですか。信託を活用することで経営権と財産権に分離することができますから、その財産権の部分を後継者に移転させることで、承継における資金調達を少なくさせるメリットがあるのですが…。

信託を活用することでそんなことが出来るのかね。また株価が上がることを考えると、今のタイミングで承継した方が得かも知れないね。

4

はい、そうなんです。ただ財産権のみを移転させる訳ですが、その際に贈与税が課税されますので、自社株評価額をきっちり算出して、贈与税がいくらかかるか算出してから結論を出されればよろしいかと思います。税理士の先生に頼んでみましょう。

そうだね。贈与税が高いと払えないからね。税理士の先生に株式評価と贈与税を計算してもらうよ。結論はそれから出すよ。教えてくれてありがとう。

着眼点 何らかの要因で自社株式の評価額が下がったタイミングで自社株式を後継者に移転させることが出来れば、結果的に資金調達額は少なくなります。経営権を渡したくないと考えているオーナーには信託を活用したスキームを提案する方法があるのです。

後継者が決まっている会社で、何らかの要因で株式の評価額が下がったタイミングで後継者に自社株式を移転した方が良いと分かっていても、経営権はまだ渡したくないと思っている社長は多いものです。そういう場合には、信託の仕組みを利用することで自社株式を議決権（支配権）と財産権（受益権）に区分することができるため、経営権を社長が確保しながら後継者に自社株式（財産権のみ）を移転させることが可能となります。

■ 信託を活用した後継者への自社株式の贈与

＜信託の流れ＞

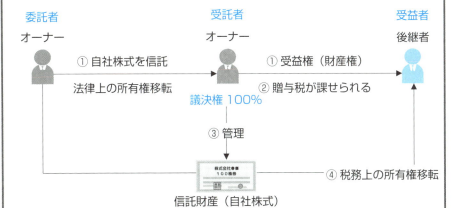

① 委託者、受託者をオーナー、受益者を後継者とする信託を締結します。
② 受託者には贈与税が課されます。
③ オーナーは信託された自社株式を管理します。
④ 後継者には税務上の所有権が移転しますが、議決権の移転ではなく、財産価値の部分だけ移転することになります。

　社長に万が一の時には信託が終了することで、受益者である後継者に経営権が移ることになります。

　このように信託契約することで、経営権を確保しながら後継者に財産価値を移転させることができますが、自社株式の評価額次第では高額な贈与税が課せられることから、負担する贈与税を考えながら実行することが重要となります。

納税猶予の活用

事業承継編 プラスα2 　事業承継税制活用のための要件整備（納税猶予）

1
平成30年度の税制改正で自社株式の贈与や相続における納税猶予が100％に緩和され、あるお客さまが、これは絶対活用した方がいいとおっしゃっておりましたが、社長も活用はご検討されていらっしゃるのですか？

今回の事業承継税制は、仲間の間でも話題になっているよ。大分、使い勝手がよくなったみたいだから、わが社でも活用しようと考えていたところだよ。

2
そうですか。事業承継税制の活用を検討されているのですね。それでしたら事業承継税制を活用できるか要件を確認しておく必要がありますね。要件は確認されましたか？

いや、まだだけど。要件っていったいどういうものなの？

3
はい。御社の決算書を拝見させて頂きましたが、筆頭株主が持株会社になっておられますよね。このままでは事業承継税制を活用することができないんですよ。

そうなの。わが社が事業承継税制を活用できるようにするためには、どうしたらいいんだ。

4
事業承継税制を活用できる要件として代表権があり筆頭株主である必要があるんです。納税猶予を活用するには、要件整備を行って、事業承継計画書を提出しなければならないんです。社長、お手伝いさせていただきますので、一緒に検討しませんか？

それはありがたい。税制改正の勉強会には参加したんだが、詳しいことは教えてもらわなかったなぁ。早速、要件整備と事業計画書の提出を検討するよ。一緒に考えてくれ。

着眼点 事業承継税制は誰でも活用できるものではありません。代表権を有していないケースや筆頭株主が持株会社である場合など、クリアしなければいけない事項があります。要件を満たしていない先には要件整備のアドバイスをすることが重要です。

> ビジネス

　事業承継税制（納税猶予）については、平成30年度の税制改正において特例制度が新設されました。事業承継税制を活用する要件の中に「筆頭株主であり代表権を有していること」がありますが、株主構成で要件を満たしていない会社があります。そのような場合は株主の整理を早期に行い要件を充足しておく必要があります。

■ 株式交換による要件整備

　持株会社の筆頭株主は長男、事業会社Ａ社の筆頭株主は持株会社になっております。社長の株式（事業会社Ａの40％）について事業承継税制を活用し、後継者である長男に株式を集約したい場合には、要件を整備する必要があります。<u>下記のような株主構成の場合、株式交換を行うことで、代表権を有している社長が持株会社の筆頭株主になり、事業承継税制の要件を充足できるようにできます。</u>

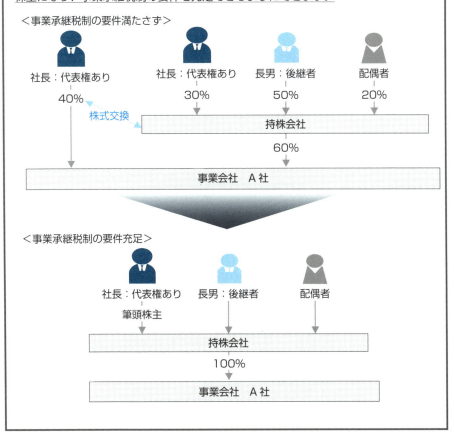

項目一覧

あ
- IPO ・・・・・・・・ 117
- 遺言 ・・・・・・「ゆいごん」を参照
- 遺産分割 ・・・・・・・・ 79
- 遺留分 ・・・・・・・・・ 83
- 医療法人 ・・・・・・・ 207
- MS法人 ・・・・・・・ 153
- MBO ・・・・・・・・ 115
- 延納 ・・・・・・・・・ 89
- 黄金株 ・・・・・・・・ 177
- 親子間売買 ・・・・・・・ 77

か
- 海外不動産投資 ・・・・・・ 47
- 会社の規模判定 ・・・・・ 163
- 会社分割 ・・・・・・・ 119
- 貸宅地 ・・・・・・・・・ 63
- 貸付金 ・・・・・・・・ 185
- 貸家建付地評価 ・・・・・・ 11
- 貸家評価 ・・・・・・・・ 11
- 家族構成の把握 ・・・・・・ 73
- 合併 ・・・・・・ 151,162,165
- 株価算定の必要性 ・・・・ 132
- 株式の評価方法 ・・・・・ 157
- 株式公開 ・・・・・・・ 117
- 株式の移転方法 ・・・・ 121,123
- 株式保有特定会社 ・・・・ 161
- 株主構成の把握 ・・・・・ 129
- 株主の権利 ・・・・・・ 129
- 借換え ・・・・・・・・・ 43
- 議決権割合 ・・・・・・ 129
- 規模判定 ・・・・・・・ 163
- 教育資金一括贈与制度 ・・・ 73
- 共有名義 ・・・・・・・ 59,61
- 居住用財産の配偶者控除 ・・ 69
- 拒否権付株式 ・・・・・・ 177
- 金庫株 ・・・・・・・ 189,203
- グループ法人税制 ・・・・ 209
- 経営権の確保 ・・・・・ 173,181
- 建設協力金 ・・・・・・・ 39
- 建築時の建物名義 ・・・・ 15,17
- 建ぺい率 ・・・・・・・・ 31
- 交換の特例 ・・・・・・・ 59
- 後継者の把握 ・・・・・ 111,113
- 後継者への株式移転のタイミング ・・・ 111
- 更生の請求 ・・・・・・ 107
- 広大地 ・・・・・・・・ 107
- 高齢者の所得対策 ・・・・ 43,45
- 高齢者リスク ・・・・・・ 85
- 固定合意 ・・・・・・・ 125

さ
- 財産分与 ・・・・・・ 78,191,199
- 財団の活用 ・・・・・・ 201
- 更地の有効活用 ・・・・ 11,13,23
- 事業承継税制 ・・・・・・ 183
- 事業譲渡 ・・・・・・・ 145
- 事業保険の活用 ・・・・・ 203
- 事業用資産の買換え ・・・・ 27
- 資産管理会社 ・・・・・・ 7,9
- 市場調査 ・・・・・・・・ 13
- 借地権割合 ・・・・・・・ 11
- 借家権割合 ・・・・・・・ 11
- 収益物件の1棟買い ・・・ 29,155
- 収益物件の建築 ・・・ 11,13,15,17
  　　　　　　　　　　　21,23
  　　　　　　　　　　31,35,157
- 従業員持株会 ・・・・・・ 179
- 受益者連続型信託 ・・・・・ 81
- 出資持分の放棄 ・・・・・ 207
- 取得条項付株式 ・・・・・ 175
- 取得費加算の特例 ・・・・ 51,189
- 種類株式 ・・・・ 131,171,173
  　　　　　　　　　　175,177
- 小規模宅地等の特例 ・・・ 21,25,27
  　　　　　　　　　　61,195
- 承継のパターン ・・・・・ 113
- 少数株主 ・・・・・・・ 131

- 使用貸借 ・・・・・・・ 57
- 除外合意 ・・・・・・・ 125
- 所得税 ・・・・・・・ 41,43
- 所得対策 ・・・・・・・ 47
- 申告期限までのスケジュール ・・ 49
- 信託 ・・・・・・・ 107,210
- スクイーズアウト ・・・・・ 131
- 生命保険 ・・・・・ 65,83,95,97
- 税理士の専門分野 ・・・・・ 99
- 世代飛ばし ・・・・・・・ 87
- 折衷割合 ・・・・・・・ 157
- 全部取得条項付株式 ・・・・ 131
- 相続財産の圧縮 ・・・ 11,21,23,25
  29,33,179,195
- 相続時精算課税制度 ・・・ 67,71,125
- 相続税評価額が高すぎる ・・・・ 93
- 損益分岐点 ・・・・・・・ 45

た
- 貸借清算 ・・・・・・・ 184
- 代償金 ・・・・・・・・ 79
- 建物名義 ・・・・・・ 15,17,57
- タワーマンション贈与 ・・・・ 67
- 地権者の悩み ・・・・・・・ 3
- 中小企業投資育成株式会社 ・・・ 181
- 長期安定資金の確保 ・・・・ 181
- 賃貸物件の1棟買い ・・・・ 29,155
- 賃貸物件の建築 ・・・・ 11,13,15,17
  19,21,23
  31,35,157
- 定期借地権 ・・・・・・・ 55
- デット・エクイティ・スワップ(DES) ・・・ 187
- 等価交換 ・・・・・・・・ 37
- 特定贈与信託 ・・・・・・・ 75
- 特別受益 ・・・・・・・ 125
- 土地の補正率 ・・・・・・ 107

な
- 二次相続対策 ・・・・・・・ 77
- 二世帯住宅 ・・・・・・・ 25
- 二方路線の土地 ・・・・・・ 35
- 納税財源の確保 ・・・・・ 51,53,55
- 納税順位 ・・・・・・ 53,205
- 納税猶予 ・・・・・・ 183,213

は
- 配当金 ・・・・・・・ 167
- 比準要素数 ・・・・・・ 169
- 夫婦相互遺言 ・・・・・・ 83
- 含み損を活用した株価対策 ・・・ 141
- 物納 ・・・・・・・・ 49,205
- 不動産鑑定評価 ・・・・・ 107
- 不動産の譲渡による対策 ・・・ 139
- 分社型分割 ・・・・・・ 143
- 法個間売買 ・・・・・ 43,53,89,197
- 法人税 ・・・・・・・ 41,43
- HD化による株価上昇の抑制 ・・・ 135
- 保証金 ・・・・・・・・ 91
- 本社ビルの建築 ・・・・・ 159

ま
- マネジメント・バイ・アウト(MBO) ・・ 115
- 守る土地、守らない土地 ・・・・ 19
- 無議決権株式 ・・・・ 171,173,199
- 名義株 ・・・・・・・・ 131
- 名義預金 ・・・・・・・ 75,95
- メディカルサービス法人 ・・・ 153
- 持株会社の設立 ・・・・・ 135
- 持株会社への株式譲渡 ・・・・ 123

や
- 役員退職金 ・・・・・・ 137
- 遺言 ・・・・・・ 79,83,85,87,95
  127,191,193,199
- 遺言執行者 ・・・・・・ 85,193
- 遺言代用信託 ・・・・・・ 81
- 養子縁組 ・・・・・・・ 87
- 容積率 ・・・・・・・・ 31

ら
- 暦年贈与 ・・・・・・・ 65
- レバレッジドリース ・・・・・ 149
- 老朽化した建物 ・・・・・・ 19
- 路線価 ・・・・・・・・ 5

〈著者プロフィール〉

大場　昌晴（おおば　まさはる）

1980年都市銀行に入行。営業店では富裕層、中小企業取引推進を担当。本部では「相続」「地権者取引」「事業承継」を専門とする部門において、年間100回を超える研修、セミナーの講師を務める一方で、相続や事業承継等の営業で活用できるツールの開発を手掛ける。都市銀行での経験を活かし、金融機関向けビジネスを立ち上げるためバンカーズ・ビジネス・ソリューションズ株式会社（BBS）を設立。現在は、金融機関等からの依頼により研修を行いながら、相続、事業承継に関する営業ツールを提供している。1級ファイナンシャル・プランニング技能士。

◎バンカーズ・ビジネス・ソリューションズ株式会社
URL：http://www.bankers-bs.com
Mail：bbs.jp@bankers-bs.com

【改訂版】相続・事業承継ビジネスに携わる方のための
営業トーク集100＋α

2016年 6 月11日　初版第 1 刷発行
2018年 1 月11日　初版第 4 刷発行
2019年 1 月11日　改訂版第 1 刷発行
2021年 5 月25日　改訂版第 2 刷発行
2024年 5 月21日　改訂版第 3 刷発行

著　者　　大　場　昌　晴
発行者　　加　藤　一　浩
発行所　　一般社団法人 金融財政事情研究会
　　　　　〒160-8519　東京都新宿区南元町19
　　　　　　　　電話　03-3358-0016（編集）
　　　　　　　　　　　03-3358-2891（販売）
　　　　　URL　https://www.kinzai.jp/

※2023年 4 月 1 日より発行所は株式会社きんざいから一般社団法人 金融財政事情研究会に移管されました。なお連絡先は上記と変わりません。

・本書の内容に関するお問合せは，書籍名および連絡先を明記のうえ，ファクシミリまたは郵送でお願いします（電話ではお答えしかねます）。ファクシミリ番号　03-3358-1771
・本書の内容と直接関係のない質問や内容理解にかかわる質問はお答えしかねますので，あらかじめご了承ください。
・本書の記述内容の変更等を行う場合は下記のウェブサイトに掲載します。
　　　　　　　　　　　　　　　　　https://www.kinzai.jp/seigo

印刷　三松堂株式会社　ISBN978-4-322-13433-9

・本書の全部または一部の複写、複製、転訳載および磁気または光記録媒体、コンピュータネットワーク上等への入力等は、特別の場合を除き、著作者、出版社の権利侵害となります。
・落丁、乱丁はお取替えします。定価はカバーに表示してあります。